CONTRIBUIÇÕES DA GESTÃO DO CONHECIMENTO PARA A REDE BIBLIOCONTAS

PORTFÓLIO DE FERRAMENTAS E PRÁTICAS

MICHELE RODRIGUES DIAS

Sandra de Souza Ferreira Maia
Prefácio

CONTRIBUIÇÕES DA GESTÃO DO CONHECIMENTO PARA A REDE BIBLIOCONTAS

PORTFÓLIO DE FERRAMENTAS E PRÁTICAS

Belo Horizonte

FÓRUM
CONHECIMENTO JURÍDICO

2023

Conselho Editorial

FÓRUM
CONHECIMENTO JURÍDICO

Luís Cláudio Rodrigues Ferreira
Presidente e Editor

Coordenação editorial: Leonardo Eustáquio Siqueira Araújo
Aline Sobreira de Oliveira

Rua Paulo Ribeiro Bastos, 211 – Jardim Atlântico – CEP 31710-430
Belo Horizonte – Minas Gerais – Tel.: (31) 99412.0131
www.editoraforum.com.br – editoraforum@editoraforum.com.br

Técnica. Empenho. Zelo. Esses foram alguns dos cuidados aplicados na edição desta obra. No entanto, podem ocorrer erros de impressão, digitação ou mesmo restar alguma dúvida conceitual. Caso se constate algo assim, solicitamos a gentileza de nos comunicar através do *e-mail* editorial@editoraforum.com.br para que possamos esclarecer, no que couber. A sua contribuição é muito importante para mantermos a excelência editorial. A Editora Fórum agradece a sua contribuição.

Dados Internacionais de Catalogação na Publicação (CIP) de acordo com ISBD

D541c	Dias, Michele Rodrigues
	Contribuições da gestão do conhecimento para a rede bibliocontas: portfólio de ferramentas e práticas / Michele Rodrigues Dias. Belo Horizonte: Fórum, 2023.
	181p. 14,5x21,5cm
	ISBN 978-65-5518-625-3
	1. Gestão do conhecimento. 2. Ferramentas de gestão do conhecimento. 3. Práticas de gestão do conhecimento. 4. Redes de conhecimento. 5. Rede bibliocontas. I. Título.
	CDD: 001
	CDU: 005.94

Ficha catalográfica elaborada por Lissandra Ruas Lima – CRB/6 – 2851

Informação bibliográfica deste livro, conforme a NBR 6023:2018 da Associação Brasileira de Normas Técnicas (ABNT):

DIAS, Michele Rodrigues. *Contribuições da gestão do conhecimento para a Rede Bibliocontas*: portfólio de ferramentas e práticas. Belo Horizonte: Fórum, 2023. 181p. ISBN 978-65-5518-625-3.

Dedico esta obra somente a Deus. A Ele, por Ele e para Ele são todas as coisas.

Inicio meu agradecimento ao meu Pai celestial, Deus. Sem Ele, nada disso seria possível. Eis que Ele fez tudo novo. Toda a honra e toda a glória a Ele.

Gostaria de expressar minha profunda gratidão às pessoas que estiveram ao meu lado ao longo desta jornada:

Às minhas filhas, Maria Clara e Natalie, que me acompanharam neste processo, muitas vezes, abrindo mão da minha presença. A compreensão e o apoio foram fundamentais.

Ao meu esposo, Moisés Oliveira, que me acompanhou nesta trajetória com paciência., sustentando-me nos momentos desafiadores.

À minha orientadora, professora Andréa, que não só me guiou academicamente, mas também me acalmou nos momentos de dúvida e me encorajou quando a resistência parecia deliciosa. Obrigada, querida professora, por sua dedicação incansável, e por não largar minha mão.

Aos professores do PPGIC/UFRN, que cumprem sempre seu papel com excelência. Gratidão a todos pelo apoio constante e pelas dicas valiosas. Fazer parte deste programa é motivo de orgulho, Enfrentamos momentos difíceis, mas, juntos, superamos.

Um agradecimento muito especial à professora Mônica, cujo incentivo me levou a iniciar este mestrado. Suas palavras ecoaram em meu coração, apresentei a Deus em oração, e Ele realizou.

À professora Rosilene Agapito, cuja competência e carinho enriqueceram este trabalho de maneira indescritível. Sua contribuição foi inestimável.

A todos os bibliotecários dos Tribunais de Contas, que contribuíram respondendo ao questionário e aos meus questionamentos. Esta obra é dedicada a vocês, que desempenham essa profissão com paixão e dedicação.

Um agradecimento especial à bibliotecária Sandra Maia, idealizadora do Bibliocontas, por sua inspiração.

Enfim, agradeço a todos que, garantidamente, contribuíram para a concretização deste sonho. Suas colaborações, apoio e amor tornaram possível este trabalho. Que esta obra possa retribuir, de alguma forma, o carinho e a confiança depositada em mim.

Ainda que meu pai e minha mãe me abandonem, o SENHOR me acolherá.
(Salmos, 27:10)

SUMÁRIO

LISTA DE FIGURAS

LISTA DE GRÁFICOS

LISTA DE QUADROS

LISTA DE IMAGENS

LISTA DE ABREVIATURAS E SIGLAS

BRAPCI - Base de Dados em Ciência da Informação

COPs - Comunidade de Práticas

CTGI - Comitê Técnico de Gestão da Informação

GC - Gestão do Conhecimento

GI - Gestão da Informação

GIC - Gestão da Informação e do Conhecimento

IRB - Instituto Rui Barbosa

LAI - Lei de Acesso à Informação

PPGIC - Programa de Pós-Graduação em Gestão da Informação e do Conhecimento

SciELO - Brasil Scientific Electronic Library Online

SCOPUS - Bases de Dados de referências e citações

SECI - Socialização, externalização, combinação e internalização

TC - Tribunais de Contas

UFRN - Universidade Federal do Rio Grande do Norte

SONHO REALIZADO!

Eis como me sinto ao termos chegado aos 20 anos de existência do grupo Bibliocontas.

Quantas conquistas alcançadas a partir daquele mês de outubro de 2003, quando o Tribunal de Contas do Estado de Pernambuco realizou o I Encontro, hoje, Fórum Nacional de Bibliotecários e Arquivistas dos Tribunais de Contas, concretizando assim, o desejo de todos os bibliotecários dos TC.

Ainda me lembro dos primeiros profissionais que atenderam ao nosso convite – todos registrados no nosso acervo fotográfico –, alguns, é verdade, já não participam mais, por diferentes motivos, como eu, agora aposentada e já trilhando outros caminhos.

Naquela época, não podíamos mais postergar nossas inquietações quanto à necessidade da troca de experiências e de compartilhamento das nossas ansiedades quanto ao conhecimento do que os demais tribunais estavam realizando: seus problemas, suas conquistas, indagações e preocupações. Tudo isso precisava ser reunido, discutido e registrado para o futuro da nossa profissão.

Enfim, com o passar desses anos, acredito que o Fórum venha cumprindo o objetivo para o qual foi criado, que é promover a integração e o intercâmbio dos interesses comuns das Unidades de Informação do nosso país, quando cumpre a responsabilidade de assegurar a sua continuidade oferecendo esse espaço, tão importante, não só para os profissionais da área, como também para as futuras gerações de bibliotecários, arquivistas, cientistas da informação e quem mais vier somar conosco.

Quantas conquistas importantes foram alcançadas ao longo desses anos: o Promoex, a participação de outros países, a Rede Bibliocontas, a institucionalização do Comitê de Gestão da Informação e do Conhecimento na estrutura do Instituo Rui Barbosa (IRB), tudo isso registrado em nossas Cartas-Compromisso, Protocolo de Intenções e Relatório Final, não esquecendo também a elaboração do nosso Estatuto, e sem falar dos novos produtos e serviços surgidos dos encontros, auxiliando o que é mais importante, os Tribunais de Contas mais carentes de apoio institucional. Esse é o papel do nosso Fórum.

Por tudo isso, viva a Democracia, viva a nossa liberdade de expressão e de informação.

Sanda de Souza Ferreira Maia

Formada em Biblioteconomia pela Universidade Federal de Pernambuco (UFPE), turma de 1980. Bibliotecária do Conselho de Desenvolvimento de Pernambuco (Condepe), órgão ligado à Secretaria de Planejamento do Estado. Colocada à disposição no Gabinete do Governador de Pernambuco (Miguel Arraes de Alencar) nas duas ultimas gestões até o ano de 1998. À disposição da Academia Pernambucana de Letras. Em 1999, à disposição do Tribunal de Contas até 2020, ano da minha aposentadoria. Trabalhos realizados: Organização de Bibliotecas Particulares de conselheiros, ex-governadores e profissionais liberais, Arquivo Permanente da Secretaria de Ciência, Tecnologia e Meio Ambiente do Estado de Pernambuco, Implantação da Biblioteca da Companhia de Recursos Hídricos de Pernambuco. Experiência: estágios na Biblioteca da Fundação Joaquim Nabuco e na Biblioteca da Universidade de Vanderbilt, Nashville-Tennessee (EUA).

CAPÍTULO 1

INTRODUÇÃO

Diante da nova estrutura econômica e social, informação e conhecimento passam a ter um papel de destaque, causando modificações em todos os setores e gerando uma mudança no paradigma do desenvolvimento mundial, que "[...] não afeta somente a ciência, a tecnologia, o sistema físico da sociedade e o aproveitamento da energia, mas também, as instituições sociais" (BOULDING, 1964 *apud* BORGES, 2008, p. 176).

Cabe frisar que a informação é essencial no desenvolvimento das pessoas e da sociedade, e os ambientes informacionais desempenham um importante papel no seu gerenciamento e disseminação. Em face ao exposto, informação e conhecimento tornaram-se insumos fundamentais que necessitam ser geridos para que tragam soluções estratégicas, com o intuito de atender aos objetivos institucionais. Nesse sentido, Miranda (2018, p. 95) afirma:

> Nas últimas décadas, a informação tem sido considerada uma ferramenta importante para os diversos campos do conhecimento; organizá-la e administrá-la não é tarefa simples, pois requer planejamento e diretrizes bem definidas para atender às necessidades informacionais dos usuários das unidades de informação.

Corroborando, McGee e Prusak (1994, p. 23) acrescentam que "[...] a informação não se limita à coleta de dados. O dado precisa ser organizado, ordenado, atribuído contexto e significado para então se tornar informação". Assim, observa-se a importância em gerenciá-la de maneira eficiente, de modo que o seu fluxo na organização seja claro, contínuo, mútuo e participativo, sendo elemento gerador de produtos e serviços; quando modificada e transformada em conhecimento, adiciona maior valor em seu uso, servindo de base para a tomada de decisão nos processos organizacionais.

A rigor, "[...] informação, quando adequadamente assimilada, produz conhecimento, modifica o estoque mental de saber do indivíduo e traz benefícios para seu desenvolvimento e para o bem-estar da sociedade em que ele vive" (BARRETO, 2001, p. 4). Com este entendimento, compreende-se que a informação é necessária para a aquisição do conhecimento, sendo considerada fator determinante para a sua existência.

Em decorrência disso, informação e conhecimento passaram a desempenhar papel estratégico em diferentes esferas da sociedade, contribuindo para o senso crítico da população, despertando nas pessoas interesses diversos, em destaque acontecimentos políticos e sociais, principalmente, sobre informações relacionadas ao poder público, sendo este um direito do cidadão garantido por lei. Nesse ínterim, cita-se a Lei de Acesso à Informação (LAI), nº 12.527, de 18.11.2011, que amplia a participação dos cidadãos e fortalece os instrumentos de controle da gestão pública, o qual "[...] cabe aos órgãos e entidades do poder público, observadas as normas e procedimentos específicos aplicáveis, assegurar a gestão transparente da informação, propiciando amplo acesso a ela e sua divulgação" (BRASIL, 2011).[1]

Machado (2016, p. 3) aponta que "[...] as organizações consideram o principal capital intelectual, o conhecimento, o qual deve ser explorado ao máximo para que a organização atinja seus objetivos", com vistas a obter vantagem competitiva junto ao mercado. A respeito, Fresneda *et al.* (2007, p. 11) asseguram qu: "[...] a utilização da gestão do conhecimento (GC) no setor público é uma estratégia de um novo caminho para melhorar o desempenho e o relacionamento interno e externo das organizações desse setor".

Neste contexto, Sugahara e Vergueiro (2011, p. 13) explicam que a GC consegue realizar diversas atividades, visando organizar as construções individuais, disponibilizando o conhecimento coletivo no ambiente organizacional a partir de atividades vinculadas à gestão da informação (GI).

Como resultado, a GC surge para auxiliar na operacionalização de diversas atividades, uma vez que suas práticas e ferramentas dão suporte ao acesso, geração, incorporação e transferência de informação

---

[1] Documento *on-line* não paginado.

e conhecimento, potencializando o capital intelectual,[2] o qual propõe maneiras de gerir as organizações, agregando valor à experiência de seus colaboradores.

Esta troca de informações admite a construção do conhecimento coletivo, que parte do conhecimento individual, o qual, uma vez identificado, organizado e mediado nos espaços destinados a essa interação, permite a cooperação e colaboração entre os envolvidos, gerando maior valor ao conhecimento.

Neste ínterim, Jordão (2015, p. 180) mostra que "[...] o relacionamento visando à cooperação tornou-se o ponto central da nova forma organizacional e de que os processos de compartilhamento da informação e de construção do conhecimento nas redes possuem um papel central nos empreendimentos modernos".

Essa nova estrutura social que a informação e o conhecimento permeiam culminou no surgimento da "sociedade em rede", que, no que lhe concerne, por sua vez, é idealizada para o compartilhamento de informação e troca de conhecimento, permitindo que as organizações se aperfeiçoem de forma contínua e inovadora.

Neste sentido, Tomaél, Alcará e Di Chiara (2005, p. 93) destacam que "[...] a configuração em rede é peculiar ao ser humano, ele se agrupa com seus semelhantes e vai estabelecendo relações de trabalho, de amizade, enfim, relações de interesses que se desenvolvem e se modificam conforme a sua trajetória".

Rossetti *et al.* (2008, p. 70) enfatizam que a inteligência organizada em rede é o elo que falta no aprendizado organizacional, e a organização consciente pode ser a base da fugaz organização capaz de aprender.

Para um melhor entendimento, Lévy (2010, p. 28) aponta que a inteligência organizada em rede "[...] é uma inteligência distribuída por toda parte, incessantemente valorizada, coordenada em tempo real, resultante em uma mobilização efetiva das competências", ou seja, consiste no planejamento, produção e elaboração, em conjunto e de forma associada, baseando-se na interação, no compartilhamento, na colaboração e na troca de experiências entre os envolvidos, seja em seus ambientes laborais, ou do mesmo segmento, derrubando barreiras geográficas.

Tomaél, Alcará e Chiara (2005, p. 93) ratificam que "[...] as redes são espaços valorizados para o compartilhamento da informação e para

---

2   Lacombe e Heilborn (2011) afirmam que o capital intelectual é a soma dos conhecimentos, informações, propriedade intelectual e experiências de todos em uma empresa, que podem ser administrados a fim de gerar riqueza e vantagem competitiva.

a construção do conhecimento", pois, a partir desses espaços, é possível obter maior acesso a boas práticas aplicadas à operacionalização de serviços e que podem ser construídas por meio de novas relações de colaboração.

Ante o exposto, insere-se a Rede Bibliocontas, que, de acordo com seu estatuto, apresenta-se como "[...] uma rede de cooperação e intercâmbio dos profissionais de informação atuantes em unidades de informação dos Tribunais de Contas" (INSTITUTO RUI BARBOSA, 2014).[3]

Dessarte, a Rede proporciona maior articulação de ações e atividades realizadas no âmbito das unidades informacionais, possibilitando a troca de experiências entre seus membros internos e externos, além de disseminar informações relacionadas ao controle externo exercido pelos Tribunais de Contas (TC), fortalecendo a consciência social sobre a importância de sua atuação.

É preciso ressaltar o papel que os TC exercem no Poder Público, tendo em vista sua relevância para a sociedade, principalmente, por ser um órgão controlador de despesas da Administração Pública. Rodrigues Neto (2015 *apud* NUNES; SOUZA, 2018, p. 78) destaca a função dos TC:

> Deve orientar os papéis educativo e orientativo, tanto para os gestores quanto para os órgãos públicos. Além disso, deve atuar como instrumentador do controle social, pois nenhuma outra instituição tem sob a sua tutela, como as têm os Tribunais de Contas, informações de todos os órgãos e gestores brasileiros.

Dessa forma, evidencia-se o importante papel que os TC assumem perante a sociedade, responsável em tornar transparentes e de fácil acesso informações sob seu domínio, assumindo, assim, a responsabilidade com o aprimoramento da gestão pública. E a Rede Bibliocontas colabora com essa transparência, contribuindo com o acesso à informação e a disseminação do conhecimento nessas instituições.

Partindo dessa premissa, a presente pesquisa tem como objeto de estudo a Rede Bibliocontas, elucidando sua importância no apoio à tomada de decisão e racionalização de custos no contexto organizacional dos TC.

Em face do exposto, a pesquisa pretende abordar as ferramentas e práticas de GC no âmbito da Rede Bibliocontas, partindo dos seguintes pressupostos de pesquisa: a) a Rede Bibliocontas é uma rede de

---

[3] Documento *on-line* não paginado.

conhecimento; b) a implantação de redes de conhecimento contribui para a inovação e a efetividade nas organizações; c) a implantação e aplicação de práticas e ferramentas de gestão do conhecimento nas redes de conhecimento auxiliam as organizações nas tomadas de decisões.

Defronte de tais concepções, surgiu a seguinte questão de pesquisa: quais ferramentas e práticas de GC podem ser implementadas visando ao aperfeiçoamento da Rede Bibliocontas?

Considerando o problema de pesquisa apontado, pretende-se propor um portfólio de ferramentas e práticas de GC que contribuam para a gestão da Rede Bibliocontas.

Para tanto, foram delineados os seguintes objetivos específicos: a) indicar as características das redes de conhecimento citadas na literatura científica brasileira; b) identificar, na literatura científica brasileira, ferramentas e práticas de gestão do conhecimento; c) caracterizar a Rede Bibliocontas como rede de conhecimento; e d) analisar a percepção dos profissionais da informação atuantes nos TC do Brasil em relação às ferramentas e práticas de GC adequadas à Bibliocontas.

Quanto às motivações para a realização desta pesquisa, o âmbito pessoal e profissional se entrelaça, uma vez que a pesquisadora é bibliotecária de um dos 33 (trinta e três) TC e membro da Rede Bibliocontas.[4]

Seguindo este raciocínio, o interesse inicial para a realização desta pesquisa partiu da necessidade de obter, como profissional bibliotecária, de forma transparente e acessível, documentos formalizados por outros Tribunais de Contas (TC) que fossem úteis para atender a uma demanda laboral pontual da pesquisadora.

Ademais, a relevância esteve atrelada, também, como membro da Rede Bibliocontas, em aumentar o engajamento de mais profissionais na participação da Rede e do Comitê Técnico de Gestão da Informação e do Conhecimento (CTGIC) do Instituto Rui Barbosa (IRB), para que, juntos, busquem conhecimento e compartilhem seus aprendizados, obtendo benefícios mútuos que trarão contribuições para os TC.

Destaca-se que o aprimoramento da Rede possibilitará à sociedade usuária maior incentivo à interação e colaboração, proporcionando espaço, tempo, ferramentas e práticas de gestão do conhecimento que auxiliem no apoio ao desenvolvimento das atividades cotidianas e nas tomadas de decisões dos TC, contribuindo para a redução de custos e rapidez na resolução de problemas.

---

[4] Salienta-se que, no biênio 2022-2023, período do mestrado, a pesquisadora estava atuando como coordenadora da Rede.

Nesse sentido, esta pesquisa é compatível com a proposta de dissertação de mestrado profissional, que "[...] trata-se de um documento de intenção, simplificado, de realização de pesquisa com potencial de aplicação, inovação e aperfeiçoamento do desempenho da organização na qual se insere o candidato ou na sua prática profissional" (BRASIL, 2017, p. 2).

Vale a pena acrescentar, no âmbito acadêmico e científico, diante de uma pesquisa bibliográfica inicial, mediante a ferramenta Google Acadêmico, que se identificou a carência de trabalhos que abordam a Rede Bibliocontas, tendo sido encontrado apenas um trabalho, intitulado "As contribuições relativas ao uso de eventos/fóruns para constituição de comunidades de práticas e expressão da inteligência coletiva: o caso do Bibliocontas", das autoras: Helena de Fátima Nunes Silva, Aline Elis Arboit, Andrea Karina Garcia e Camila Fernanda Rigoni (SILVA; ARBOIT; GARCIA; RIGONI, 2012).

Evidenciou-se, também, uma escassez de publicações na literatura brasileira sobre redes de conhecimento. Tal fato pode ser visualizado no quadro feito para atender ao primeiro objetivo específico do estudo, o qual apresenta quantitativo dos artigos recuperados nas bases de dados: Base de Dados em Ciência da Informação (Brapci), Bases de Dados de referências e citações (Scopus) e Brasil Scientific Electronic Library Online (SciELO), que levaram a supor que a área é carente de produções científicas, teóricas e empíricas; neste âmbito, pesa a sua relevância para a sociedade atual.

Neste sentido, a justaposição dos dois levantamentos bibliográficos aponta que esse campo de estudo está sendo mais explorado fora do Brasil, e essa diferenciação pode ser compreendida no tocante à necessidade de mais pesquisadores despertarem interesse pela temática, visto sua importância emergente.

Por conseguinte, mostra-se relevante também para a área da GC, uma vez que se acredita que o estudo ora proposto pode colaborar com novas pesquisas, trazendo novos direcionamentos nessa linha de pesquisa, possibilitando novas conquistas para o campo científico.

Do ponto de vista social, observada a lacuna identificada na literatura científica brasileira, percebe-se a oportunidade e motivação de um contínuo desenvolvimento de ferramentas e práticas que possibilitem a interação entre grupos de pessoas de determinada organização ou de determinada área de conhecimento que, no que lhe concerne, possam partilhar suas boas práticas, propiciando a geração de novos conhecimentos de forma cooperativa e, assim, também os cidadãos, se beneficiarão de organizações públicas mais eficazes.

Diante disso, acredita-se que a proposta aqui apresentada será um aprofundamento da temática, sob um viés empírico, visando demonstrar como as práticas e as ferramentas da gestão do conhecimento podem promover o uso efetivo das redes de conhecimento por meio da idealização de um portfólio com recomendações que possam ser aplicadas nos ambientes organizacionais. Ademais, considera-se que as melhorias apresentadas na pesquisa proposta e sua metodologia podem ser replicadas em outros contextos semelhantes, o que contribui para inovação neste campo.

Esta pesquisa está estruturada em quatro seções. Após a introdução, constam duas seções de fundamentação teórica da pesquisa, as quais servem de sustentação para sua realização. Em seguida, são apresentados os procedimentos metodológicos que detalham a caracterização da pesquisa, os procedimentos de coleta e de análise de dados e a caracterização do campo de estudo. Dando continuidade, são apresentados e discutidos os resultados obtidos. Com base neles, é apresentada a proposta de portfólio com práticas e ferramentas de GC voltadas para a Rede Bibliocontas. Por fim, são expostas as considerações finais do estudo.

CAPÍTULO 2

GESTÃO DO CONHECIMENTO EM ORGANIZAÇÕES

Na sociedade da informação, ou, como também é conhecida, sociedade do conhecimento, as unidades de informação tornaram-se de fundamental importância por serem fontes captadoras de conhecimento e organizadoras de informações. Tal fato é especialmente relevante em decorrência do crescimento e popularização da internet, em que milhões de informações são geradas, e recuperá-las de forma eficiente e eficaz se tornou uma tarefa difícil.

No âmbito da gestão, sobretudo, em instituições privadas, o conhecimento a partir do fim do século passado vem ganhando cada vez mais espaço nas discussões e práticas organizacionais como recurso estratégico para as organizações se manterem no mercado e buscarem sua competitividade sustentável (SOUZA; DIAS; NASSIF, 2011).

Essa realidade só aumenta e valida a importância que o conhecimento tem para as organizações, isso pelo "fato de que ele está muito próximo da ação, mais do que o dado e informação" (REGINATO; GRACIOLI, 2012, p. 5).

A GC enfatiza, precisamente, os processos relacionados com o ciclo de vida do conhecimento, visando valorizar e viabilizar o desenvolvimento das organizações, incentivando a competitividade entre elas, tendo por objetivo apoiar e orientar de maneira eficiente a busca do conhecimento organizacional. Para tanto, "reúne a função de organizar, disseminar, avaliar, mensurar e capturar os diversos conhecimentos organizacionais" (STRAUHS *et al.*, 2012, p. 69). Conforme Figura 1.

FIGURA 1 – Funções da GC

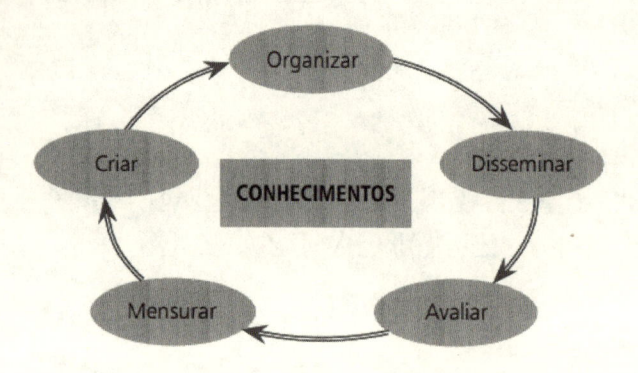

Fonte: Strauhs *et al.* (2012, p. 69).

É salutar às organizações acompanharem essa evolução, produzindo alterações no modo como a informação é acessada, organizada, representada, difundida e avaliada, uma vez que auxilia as pessoas na realização de suas atividades laborais, de forma eficiente e eficaz, e a se tornarem mais bem informadas, permitindo-as agir com inteligência, criatividade e esperteza.

Barbosa (2008, p. 21) afirma que "[...] o conhecimento, uma vez registrado, transforma-se em informação, e esta, uma vez internalizada, torna-se conhecimento". Isso implica o entendimento de que o cenário no qual estas informações estarão disponíveis, independentemente de tempo e lugar, demandará muita atenção da equipe que gerenciará este ciclo de troca de informação e disseminação do conhecimento.

Posto isto, Alvez (2019, p. 20) comenta que o que "[...] as organizações têm de mais valioso são as informações que poderão se transformar em conhecimento, sendo este o seu maior ativo".

Nonaka e Takeuchi (2008, p. 25) afirmam que as organizações não conseguem criar conhecimento por si só, pois precisam dos indivíduos para formar esse conhecimento dito organizacional, visto que o conhecimento é criado pelas pessoas e originado nelas. Assim, Martins e Ferreira (2015, p. 89) reforçam que as pessoas são o bem mais valioso de qualquer organização.

Destarte, "[...] as organizações que valorizam o seu capital humano se manterão vivas continuamente, uma vez que esse capital é um recurso, que bem gerenciado, se transformará em grandes benefícios para essas instituições" (ALVES, 2019, p. 16).

Visto isso, entende-se que a GC visa colocar em prática ações que fomentem a inteligência organizacional, idealizada, segundo Moresi (2001, p. 43), a partir da "[...] necessidade de desenvolver uma solução que possibilite conhecer os ambientes externo e interno de uma organização [...] e que seja capaz de monitorar estes ambientes", documentando todas as ideias e conhecimentos da empresa, além, de mapear os processos e fluxos, reunindo e direcionando informações importantes que visam subsidiar a gestão organizacional. Então, é extremamente arriscado para as organizações a não inclusão de práticas de GC em seus processos e rotinas, o que pode gerar atraso em relação às demais organizações, principalmente, no quesito inovação.

Wiig (1993 *apud* ALVARES; AMARO; ASSIS, 2016, p. 1) atribuiu à gestão do conhecimento "[...] práticas que podem ser bastante sofisticadas, com o objetivo de aquisição, organização e distribuição de conhecimentos para desempenhar as atividades cotidianas do trabalho [...] sendo altamente contextualizadas e bem adaptadas às necessidades locais".

Neste contexto, é necessário conhecer as características desse recurso, sua natureza, suas propriedades, as forças que governam seus fluxos, para melhor controlá-lo e gerenciá-lo, visando a um melhor proveito para a otimização de processos, favorecendo a tomada de decisão nas organizações (TARGINO; CAMBOIM; GARCIA, 2015).

Choo (2003, p. 224), no que lhe concerne, afirma que "[...] a construção do conhecimento não é mais uma atividade em que a organização trabalha isolada, mas o resultado da colaboração de seus membros, seja em redes internas, seja em parceria com outras organizações".

É importante ressaltar que essa criação deve partir, principalmente, de iniciativas por parte das organizações, por meio de seus gestores, uma vez que a interação entre os envolvidos revela a construção do conhecimento coletivo, que só é possível por meio do compartilhamento e socialização do conhecimento individual.

Dessarte, a identificação das necessidades informacionais dos indivíduos partícipes dos processos organizacionais é, sobremaneira, relevante para a construção do conhecimento organizacional e, consequentemente, para o sucesso competitivo da organização. É de suma importância identificar as competências informacionais de cada indivíduo para que seja estabelecido um planejamento de ação mais assertivo.

Nesse sentido, para um desempenho profissional bem-sucedido, a competência em informação faz-se necessária, uma vez que as organizações têm adotado novas tecnologias de informação e comunicação

(NTICs), as quais tornam possível a conexão em rede, fazendo crescer os fluxos informacionais entre clientes, fornecedores e a própria sociedade.

Neste contexto, surgiu a necessidade de se abordar a competência no uso das tecnologias digitais. Transformar aprendizes competentes informacionalmente implica adotar estratégias para torná-los capazes de dominar a informação em seu contexto, desde o descobrimento de suas necessidades informacionais ao uso qualificado delas, o que, atualmente, implica saber utilizar as tecnologias digitais.

Moresi (2001, p. 44) corrobora ao enfatizar que "[...] as inteligências humanas e de máquina, são orientadas em direção a processos de fluxo de trabalho [...] não acontecendo somente entre seres humanos, mas também entre homem e máquina e entre máquina e máquina".

O desenvolvimento de competência digital[5] parte dos mesmos princípios da competência da informação, uma vez que a competência digital se encontra baseada na modernização dos processos de busca com o aprimoramento das novas tecnologias. (SANTOS, 2008).

Tal importância deve ser priorizada, principalmente, no setor público, em que pessoas passam anos exercendo a mesma função, com isso, as tecnologias avançam e, por muitas vezes, elas estagnam em seus modos de trabalho.

Portanto, programar e incentivar uma formação contínua para a aquisição de competências digitais se faz necessário para ser criado um ambiente favorável e igualitário a todos os funcionários, voltado à educação corporativa, em que estejam, constantemente, aprendendo e compartilhando seus conhecimentos entre si, sem deixar alguém para trás. Isso trará um aumento significativo na capacidade de realização da equipe, contribuindo, também, para o bem-estar econômico e social.

2.1 A gestão do conhecimento na Administração Pública

Conforme visto anteriormente, o conhecimento é considerado "[...] um fenômeno inerentemente social que se desenvolve a partir de interações comunicativas complexas realizadas em estruturas sociais" (JOHNSON, 2011, p. 23). Assim, pode-se entender que ele resulta de um processo de informação e experiências que ocorre individualmente, sendo cognitivo e subjetivo.

---

[5] Erstad (2005, p. 133) conceitua competências digitais como "habilidades, conhecimentos e atitudes através dos meios digitais para dominar a sociedade da aprendizagem".

Para acompanhar as mudanças ocorridas na atual "sociedade em rede",[6] as organizações precisam estar organizadas para tornar a GC eficaz, identificando e utilizando seus recursos informacionais, que exige planejamento para traçar estratégias de gerenciamento e disponibilização de conteúdos em ambientes digitais. "As organizações necessitam desenvolver desde cedo a percepção e interpretação das mudanças do ambiente externo, como uma estratégia para obter vantagem competitiva" (CHOO, 2003, p. 27).

Com vistas a fomentar o gerenciamento do conhecimento, foi construído um modelo de base para criação do conhecimento, o conceito de *ba*, proposto pelo filósofo japonês Kitaro Nishida e desenvolvido por Shimizu, que pode ser pensado como "um espaço compartilhado para relacionamentos emergentes, que propiciam a criação do conhecimento compartilhado dos sentimentos, experiências dos indivíduos, esse espaço pode ser físico, virtual, mental, ou uma combinação deles" (NONAKA; KONNO, 1998, p. 40).

Para maior entendimento, na Figura 2, Morales (2014) apresenta uma síntese desse contexto.

FIGURA 2 – Contexto capacitante da GC

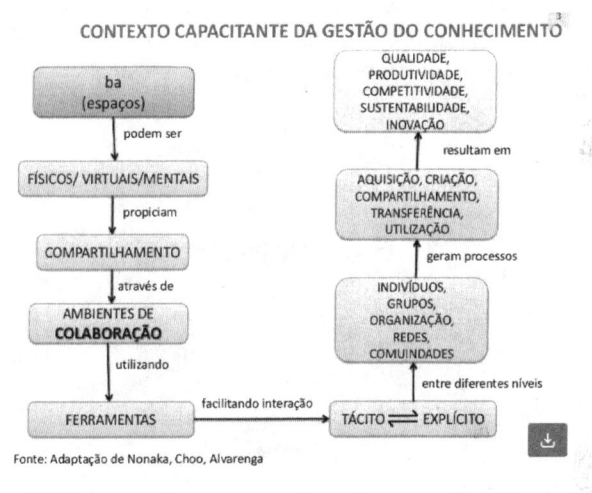

Fonte: Morales (2014).

Pode-se dizer que se trata de um espaço onde as pessoas têm a oportunidade de trocar informações e vivências e compartilhar soluções de problemas mútuos, dando a ideia de um ambiente de colaboração, conforme Figura 3.

FIGURA 3 – Ambiente *ba*

Fonte: *Blog O Conhecimento* (2019).[7]

Para a criação do conhecimento nas organizações, são considerados dois tipos de conhecimento: o tácito e o explícito. Exemplificando, o tácito é tudo que o indivíduo aprende, inclusive, o que se aprende lendo e estudando, e com suas experiências construídas no decorrer de sua vida. E o explícito é o registrado, seja em textos, documentos formais, vídeos ou qualquer outro suporte em que a informação esteja (Figura 4).

FIGURA 4 – Conhecimento tácito e explícito

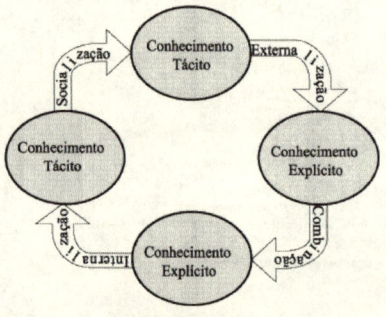

Fonte: Adaptado de Nonaka e Takeuchi (1997).

---

7   ENTENDA o que é o ba na gestão do conhecimento. *O Conhecimento*, 2019. Disponível em: https://www.oconhecimento.com.br/ba-na-gestao-do-conhecimento/. Acesso em: 22 ago. 2022.

O conhecimento pode ser criado a partir do processo de interação desses dois conhecimentos, que acarreta na criação de novos conhecimentos. Este processo de captação de conhecimento é conhecido como espiral do conhecimento ou modelo SECI, a sigla é originada das iniciais de socialização, externalização, combinação e internalização do conhecimento.

Essa interação pode ser observada na Figura 5, que demonstra as características das quatro etapas de conversão do conhecimento, que, segundo Strauhs *et al.* (2012, p. 49), no *ba*, a espiral do conhecimento se materializa em suas etapas de socialização, externalização, combinação e internalização.

FIGURA 5 – Modelo SECI

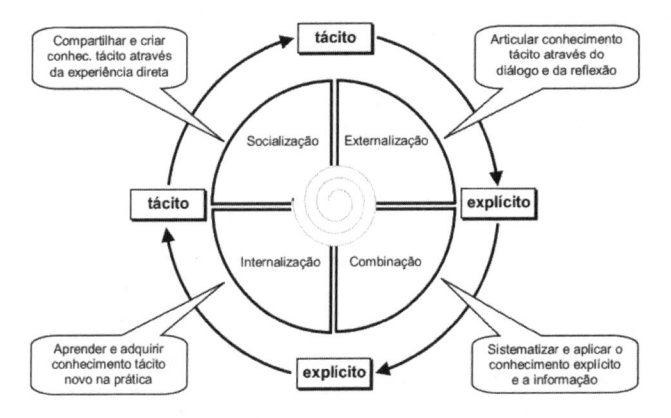

Fonte: Adaptado de Nonaka e Takeuchi (1998).

Nonaka e Takeuchi (2008) apresentam de forma objetiva os significativos de cada etapa da conversão do conhecimento tácito e o explícito.

A etapa da *socialização* trata-se da criação e do compartilhamento do conhecimento tácito, a partir de experiência direta de indivíduo para indivíduo. Na prática, ocorreria por meio de atividades como dinâmicas no local de trabalho, sessões informais e *brainstorms*, interações com os clientes.

Já a *externalização* visa articular o conhecimento tácito por meio do diálogo e da reflexão de indivíduo para grupo, considerado o modo de conversão mais importante, por permitir a criação de novos conceitos.

A *combinação* sistematiza e aplica o conhecimento explícito e a informação, de grupo para organização.

E, por último, a *internalização*, na qual se aprende e adquire novo conhecimento tácito, de organização para indivíduo, em que as organizações passam a vivenciar o resultado prático do novo conhecimento; ou seja, desenvolveram um conhecimento operacional.

É possível notar que o processo de interação entre o conhecimento tácito e o explícito é retroalimentado, conforme a imagem da espiral contínua.

Nota-se também que, quanto mais esse processo se repete, mais poderoso se torna o ativo "conhecimento" na organização, principalmente, na etapa da socialização, que acarreta uma maior produção de conhecimento explícito com qualidade ainda maior, devido à interação, resultando na criação de novos conhecimentos. Na figura a seguir é apresentado o modelo SECI mais detalhadamente.

FIGURA 6 – Modelo SECI detalhado

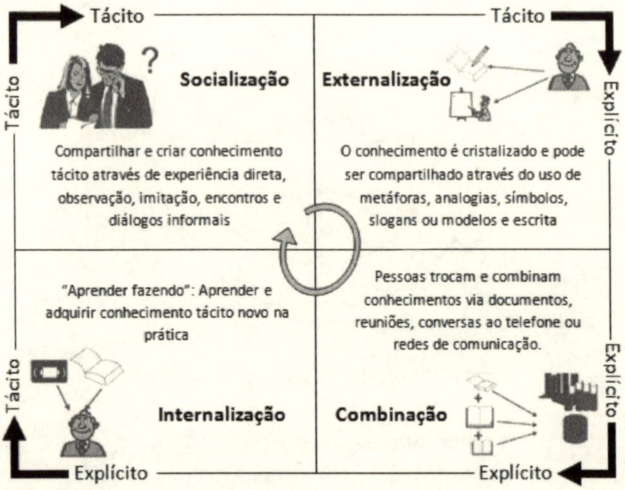

Fonte: Adaptado de Nonaka e Takeuchi (1998).

É vital que as organizações se apropriem das tecnologias para o gerenciamento do conhecimento, de modo a estimular a conversão de conhecimento tácito em conhecimento explícito, e vice-versa, pois é importante valorizar e saber lidar com o conhecimento nos ambientes corporativos.

Dalkir (2005 *apud* SOUZA, 2017, p. 31) corrobora ao citar que a GC compreende a coordenação deliberada e sistemática de pessoas, tecnologias e processos, juntamente com a estrutura da empresa, na busca de criar valores através dos recursos, conhecimento e inovação, alinhados às melhores práticas que venham a se adequar às necessidades da organização.

Assim, a gestão do conhecimento organizacional pode ser entendida como um conjunto de processos que governam a criação, a disseminação e a utilização do conhecimento por meio da colaboração de seus envolvidos, conforme Figura 7.

FIGURA 7 – Infraestrutura da GC

Fonte: Strauhs *et al.* (2012).

Em uma organização do conhecimento, observa-se uma forte ênfase na criação de condições ambientais, sociais e tecnológicas que viabilizem a geração, disponibilização e internalização de conhecimentos por parte dos indivíduos, com o propósito de subsidiar a tomada de decisão (STRAUHS *et al.*, 2012).

Johnson (2011, p. 148) aponta que a "[...] TI permite que as organizações, por meio da GC, identifiquem, registrem, conectem e utilizem conhecimento organizacional valioso, preservando-o de modo que esteja prontamente disponível para ser facilmente usado por diferentes grupos".

Destarte, é de suma importância incluir o uso das tecnologias de informação que auxiliem na prática da GC, posto que os sistemas de informação são destinados a dar "[...] suporte à criação, organização e disseminação do conhecimento dos negócios na empresa" (O'BRIEN; MARAKAS, 2013, p. 14).

Com isso, rever a cultura de participação, colaboração e comprometimento dos colaboradores é necessário para que seja possível estabelecer um ambiente favorável, onde as pessoas possam acompanhar as mudanças que a gestão trará, principalmente, no que se refere à inovação. Para isso, "[...] a ação humana na integração da TI não pode ser subestimada, já que as pessoas precisam de ajuda ao decidir sobre a escolha das novas tecnologias ou se adaptar a elas" (JOHNSON, 2011,

p. 163). Ou seja, a TI deve ser vista como uma grande aliada e facilitadora na comunicação e no auxílio à disseminação de informações.

Batista (2012) explica que a GC é um método integrado de criar, compartilhar e aplicar conhecimento para aumentar a eficiência; melhorar a qualidade e a efetividade social; e contribuir para a legalidade, impessoalidade, moralidade e publicidade na Administração Pública e para o desenvolvimento brasileiro.

A implementação da GC nas organizações pode trazer inúmeros benefícios para o servidor ou gestor público, para as equipes de trabalho, para as organizações públicas e para a sociedade. Esta é uma necessidade que muitas organizações já reconhecem e já começaram a tomar iniciativas nessa direção, planejando as ações necessárias para o implemento desta nova realidade.

Em se tratando do benefício para o servidor público, Batista (2012, p. 42) acentua:

> Amplia seus conhecimentos e habilidades. Isso acontece em função do aprendizado e da inovação que ocorrem nos processos de GC [...] quando o servidor público de uma equipe está constantemente aprendendo e compartilhando conhecimento entre eles, há um aumento na capacidade de realização da equipe de trabalho.

Em se tratando dos benefícios para as organizações públicas, Batista (2012, p. 43) explicita que a GC pode ser aplicada com vistas a "[...] aumentar a capacidade organizacional e alcançar a excelência em gestão pública por meio da melhoria dos processos internos, desenvolvimento de competências essenciais e planejamento de estratégias inovadoras".

Batista (2012) conclui, dizendo que a implementação da GC na Administração Pública resulta no aumento da capacidade de realização dos indivíduos, de equipes de trabalho, da organização pública e da sociedade em geral, assim como o impacto na melhoria de processos, produtos e serviços públicos prestados à população. Nesse sentido, percebe-se que a implementação da GC é essencial para as organizações públicas.

As organizações utilizam modelos para "[...] descrever os principais componentes da GC; prescrever como implementar a GC, comunicar de forma coerente o que é GC e como elaborar e avaliar soluções de GC" (HEISIG, 2009 *apud* BATISTA, 2012, p. 51).

Weber *et al.* (2002) complementam que os modelos de GC podem ser entendidos como um quadro com descrição holística e concisa dos principais elementos, conceitos e princípios de um processo, visto que eles pretendem explicar um processo e definir um esquema padronizado de seu conteúdo principal como referência para futuras implementações e aplicações da GC na organização.

Entre alguns modelos criados por estudiosos da área, destaca-se o modelo de Nonaka e Takeuchi, de Terra, de Davenport e Prusak, de Choo. Porém, o que será caracterizado nesta pesquisa é o que mais se molda para ser aplicado no campo de estudo voltado para a Administração Pública, o modelo de Batista, sintetizado na Figura 8.

FIGURA 8 – Modelo de GC de Batista para Administração Pública

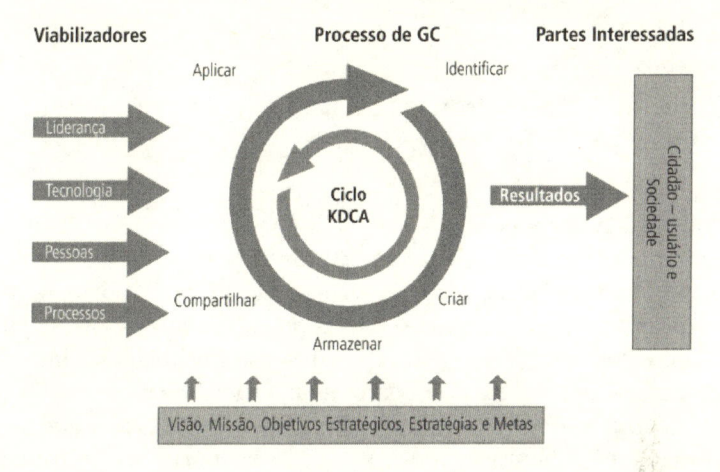

Fonte: Batista (2012, p. 52).

O modelo de Batista é o que mais se ajusta aos objetivos da Rede Bibliocontas, que faz parte da estrutura organizacional do IRB e que contribui para o alcance dos objetivos de organizações públicas: os Tribunais de Contas.

Para Batista (2012, p. 52), o ponto inicial do modelo são os direcionadores estratégicos da organização: visão de futuro, missão, objetivos estratégicos, estratégias e metas, que, alinhados aos processos de GC (identificação, criação, armazenamento, compartilhamento e aplicação do conhecimento), geram resultados positivos, que contribuem para o alcance dos objetivos da organização pública. Indubitavelmente, aumentando a eficiência e qualidade dos serviços prestados.

Em vista disso, Batista (2012, p. 52) afirma:

> O aumento da capacidade de realização de indivíduos, de equipes de trabalho, da organização pública e da sociedade em geral, assim como o impacto disso na melhoria de processos, produtos e serviços públicos prestados à população justificam plenamente a implementação da GC na Administração Pública.

Assim, é fundamental assegurar o alinhamento dos viabilizadores com os processos de GC, tencionando garantir o alcance dos resultados organizacionais que satisfaçam as partes interessadas, cidadão-usuário e sociedade em geral.

2.2 Ferramentas e práticas de gestão do conhecimento para a administração geral

As adaptações e inovações, em especial, de produtos, processos e habilidades gerenciais das empresas tornam-se um desafio à medida que mudanças ocorrem. Alba, Ferla e Possa (2012, p. 7) consideram que uma das características geradas dessas novas mudanças institucionais é a operacionalização por meio de redes interinstitucionais que, para tanto, exigem novos conhecimentos e novas ferramentas.

Ferreira, Alvares e Martins (2017, p. 148) destacam que "[...] o conhecimento organizacional está nos atores institucionais que o detém". Para isso, as organizações precisam se planejar no sentido de criar contextos que ofereçam às pessoas aparato para que esse conhecimento seja captado e disseminado na organização.

Confirmando, Nonaka e Takeuchi (1997, p. 1) denotam que a criação de conhecimento organizacional é a "capacidade de uma empresa de criar novo conhecimento, difundi-lo na organização como um todo e incorporá-lo a produtos, serviços e sistemas".

Nesse sentido, Sugahara e Vergueiro (2011, p. 3) destacam que a GC é capaz de realizar diversas atividades no sentido de organizar as construções do conhecimento individual, disponibilizando o conhecimento coletivo no ambiente organizacional a partir de atividades vinculadas à gestão da informação (GI), envolvendo, principalmente, o preservar e o compartilhar, tornando, assim, possível a interação e a troca de informações entre os envolvidos, colaborando para a construção do conhecimento coletivo, que só é possível por meio do compartilhamento e socialização do conhecimento individual. Borges (2008, p. 179) corrobora ao explicitar:

> As mudanças no papel, no significado, na natureza e no uso estratégico da informação e do conhecimento, além de influenciarem a realocação do poder e a sua configuração, o planejamento e desenvolvimento das organizações e das empresas exigem uma abertura para o ambiente externo, um conhecimento atualizado e adaptado a essa nova realidade e ao contexto, de maneira a possibilitar uma ampliação de suas funções, e a sua inserção, de modo cada vez mais criativo e participativo, na construção do desenvolvimento e dos ideais democráticos.

Neste ínterim, vale a pena destacar que a GC, como forma de contribuir, viabilizar e respaldar o gerenciamento do conhecimento nas organizações, contempla:

> [...] um conjunto de metodologias, práticas e ferramentas para o aperfeiçoamento da sua gestão, visando à excelência empresarial, por meio da aplicação efetiva dos conhecimentos organizacionais, promovendo a melhoria contínua e a inovação de seus processos. (MATTERA, 2014, p. 205)

Salienta-se que as práticas e as ferramentas de GC contribuem com o ciclo de criação, compartilhamento e aplicação do conhecimento para aumentar a eficiência e a qualidade da organização (BATISTA, 2012). Em consequência disso, oferecerá um serviço e um produto de qualidade aos usuários e cidadãos, contribuindo para um melhor desempenho organizacional.

Folflmann (2014, p. 87) destaca que as práticas de GC são consideradas "[...] práticas de gestão organizacional voltadas para a produção, retenção, disseminação, compartilhamento e aplicação do conhecimento nas organizações, bem como, na relação destas com o mundo exterior".

Diante disso, a seguir, serão apresentadas, no Quadro 1, elaborado por Coser e Carvalho (2012, p. 112), algumas práticas que favorecem o fluxo do conhecimento nas organizações, explicando-as com base na teoria de autores renomados da área.

QUADRO 1 – Práticas de gestão do conhecimento (1)

(continua)

Práticas de GC	Objetivos	Referências
Aprendizagem organizacional	Aprender a melhorar o conhecimento organizacional existente, aprender a criar um novo conhecimento organizacional e, ainda, disseminar ou transferir o conhecimento internamente e para outras áreas da empresa.	Garvin et al. (1998); Helmann (2007); Senge (1998); Terra (2000)
Comunidade de prática	Reunir-se em torno de interesses, buscando transferência de melhores práticas, acesso a especialistas e, ainda, a reutilização de modelos, conhecimentos e lições aprendidas.	Batista et al. (2005); Kato; Damião (2006); Terra (2005); Terra; Gordon (2002)
Fóruns ou listas de discussão	Discutir, transferir, homogeneizar e compartilhar informações, ideias e experiências que contribuirão para desenvolver competências e aperfeiçoar processos e atividades em espaços presenciais e virtuais.	Batista et al. (2005); Leuch (2006); Helmann (2007)
Educação corporativa	Oferecer processos de educação continuada para atualização de funcionários, de maneira uniforme, em todas as áreas da empresa.	Batista et al. (2005); Helmann (2007); Pereira (2002)
Narrativas	Narrar assuntos complicados, situações e/ou problemas, comunicar lições aprendidas, ou, ainda, dialogar sobre mudanças culturais.	Batista et al. (2005); Davenport; Prusak (1998); Purcidonio (2008)
Benchmarking	Buscar sistematicamente as melhores referências para comparação aos processos, produtos e serviços da organização, interna e externamente.	Batista et al. (2005); Drucker (1988); Garvin (1993); Purcidonio (2008)
Melhores práticas	Registrar os pontos positivos e os pontos negativos de determinado procedimento ou processo e reutilizá-los, quando necessário.	Batista et al. (2005); Davenport; Prusak (1998); Helmann (2007); Leuch (2006)
Mapeamento ou auditoria de conhecimento	Localizar conhecimentos importantes sobre processos, produtos, serviços e relacionamentos com os clientes, dentro das empresas e, depois, publicar e divulgar onde encontrá-los.	Batista (2004); Batista et al. (2005); Davenport; Prusak (1998); Stefanovitz (2006)
Banco de competências	Criar um repositório de informações sobre a localização de conhecimentos na organização, incluindo fontes de consulta e as pessoas ou equipes detentoras de determinado conhecimento.	Batista et al. (2005); Purcidonio (2008)
Memória organizacional	Criar e manter um sistema de conhecimentos e habilidades que preserva e armazena percepções e experiências, para que possam ser recuperadas e utilizadas posteriormente.	Batista (2004); Batista et al. (2005); Probst et al. (2002)
Gestão do capital intelectual	Mapear os ativos organizacionais intangíveis, gestão do capital humano, gestão do capital do cliente e política de propriedade intelectual.	Batista et al. (2005); Stewart (1998)

(conclusão)

Práticas de GC	Objetivos	Referências
Gestão por competências	Mapear os processos-chave, as competências essenciais associadas a estes, as atribuições, as atividades e habilidades existentes e necessárias e os registros para superar deficiências.	Batista (2004); Batista et al. (2005); Purcidonio (2008)
Base de conhecimentos	Criar um sistema especialista de conhecimentos, informações, ideias, experiências, lições aprendidas, melhores práticas que podem ser documentadas em uma base de conhecimento.	Davenport; Prusak (1998); Helmann (2007)
Mapeamento de processos	Analisar os processos organizacionais para promover ou melhorar os processos existentes ou implantar uma nova estrutura, voltada para processos na empresa.	Leuch (2006); Rocha et al. (2004)
Normalização e padronização de documentos	Elaborar e estabelecer normas, padrões, procedimentos e regulamentos que caracterizam uma organização.	Helmann (2007); Silva; Rozenfeld (2002)
Sistemas workflow	Utilizar ferramentas de automação do fluxo ou trâmite de documentos e processos voltados ao controle da qualidade da informação.	Batista et al. (2005); Baldam et al. (2002); Purcidonio (2008)
Gestão de conteúdo	Utilizar ferramentas de suporte à colaboração de administradores e gerentes, para gerenciar a produção e informação on-line e distribuir para um público reduzido.	Batista et al. (2005); Desouza (2003); Parreiras; Bax (2003)
Gestão eletrônica de documentos	Adotar sistemas informatizados de controle de emissão, edição e acompanhamento da tramitação, distribuição, arquivamento e descarte de documentos.	Batista et al. (2005); Baldam et al. (2002); Terra; Gordon (2002)
Portais corporativos	Reunir ferramentas de colaboração e/ou outros sistemas informatizados que capturam e difundem conhecimento e experiência entre pessoas.	Batista et al. (2005); Leuch (2006); Terra (2005a; 2006); Terra; Gordon (2002)
Data warehouse	Rastrear dados com arquitetura hierarquizada, disposta em bases relacionais, permitindo versatilidade na manipulação de grandes massas de dados.	Batista et al. (2005); Inmon (1997)
Data mining	Minerar dados com instrumentos de alta capacidade de associação de termos, para "garimpar" assuntos ou temas específicos.	Batista et al. (2005); Amaral (2001)

Fonte: Coser e Carvalho (2012, p. 112).

Strauhs *et al.* (2012) conceituam algumas práticas de GC que apoiam o ciclo do conhecimento nas organizações, conforme Quadro 2.

QUADRO 2 – Práticas de gestão do conhecimento (2)

Prática	Definição
Memória organizacional (MO)	Utilizada para registrar experiências envolvendo as diferentes áreas da empresa, equipes e fatos mais relevantes ocorridos nos diversos projetos de oportunidades de inovação desenvolvidos com a expectativa de utilização no futuro.
Lições aprendidas	Para evitar situações em que o conhecimento organizacional dependa da boa vontade de gestores e colaboradores, da memória de poucos, da disponibilidade de tempo e de outros recursos, é conveniente implantar o processo de documentação das lições aprendidas.
Portal de compartilhamento	Os portais de compartilhamento facilitam o fluxo de informações e permitem gerir o conhecimento interno. Também auxiliam a união de diversos sistemas de informação automatizados em um único portal e os recursos disponíveis em portais de compartilhamento apoiam-se na internet. Alguns modelos são apresentados por *chats* e listas de discussão, permitindo relacionar conceitos e organizar repositórios de conhecimento explícito.
Comunidades de prática	As comunidades de prática distinguem-se das equipes de trabalho por não fazerem parte da estrutura formal da organização. Vão além dos limites tradicionais dos grupos, pois são redes de trabalho que podem se estender bem além dos limites de uma organização. Seus membros podem fazer parte de um mesmo departamento, ser de diferentes áreas de uma companhia, ou até mesmo de diferentes companhias e instituições.
Mapeamento do conhecimento	Indicar a localização do conhecimento explícito por meio de documentos, relatórios e memória de reunião facilita a interação entre o interessado e o detentor desse conhecimento, além disso, identifica seu valor, utilidade e aplicabilidade. Dessa forma, os mapas permitem a adoção de estratégias, como: contratação de pessoal que agregue conhecimento ao já existente; adoção de alianças formais com parceiros que detêm o conhecimento necessário à empresa; elaboração de planos de capacitação para todo o quadro empresarial, entre outras.
Mapas conceituais	O mapeamento conceitual é uma técnica para selecionar, analisar, elaborar e aprender de maneira significativa.
Gestão por competências	A gestão por competências propicia o desenvolvimento técnico e comportamental do colaborador em relação ao que é exigido em sua função.

Fonte: Alves (2019) adaptado de Strauhs *et al.* (2012, p. 78-947).

O uso dessas práticas de GC apresentadas, quando direcionadas a cada contexto identificado, oportuniza a criação de mais conhecimento na empresa, aproveitando as experiências de cada colaborador, em cada situação oportuna.

A respeito de ferramentas de GC, Strauhs *et al.* (2012, p. 88-89) asseveram que "[...] ferramentas tecnológicas realizam a interface, facilitando o compartilhamento dos conhecimentos explícitos e tácitos, e os processos de aprendizado coletivo nas organizações".

Como exemplo, observam-se, na figura a seguir, ferramentas de GC no contexto da cultura organizacional.

FIGURA 9 – Ferramentas de gestão do conhecimento

Educação Corporativa	Gestão do Conhecimento
Treinamentos presenciais	Comunidades de prática
Treinamentos a distâncias	Benchmark, melhores práticas, lições aprendidas
Visitas a empresas	Grupos de melhoria contínua
Seminários e grupos de debates	Sistemas de inteligência competitiva
Programas de disseminação estratégica	Páginas amarelas
Programas de disseminação da cultura organizacional	Sistemas de gestão de documentos
Programas de autodesenvolvimento	Aportes externos (consultorias, assessorias, etc.)
Programas de formação em nível superior	Coaching, mentoring e/ou couselling
Programas de especialização profissional	Fóruns de discussão

Quadro 1: Práticas típicas da educação corporativa e da gestão do conhecimento a partir de Eboli (2004) e Kuniyoshi e Santos (2007).
Fonte: Elaborado pelo autor tendo como base, Eboli (2004) e Kuniyoshi e Santos (2007[5]).

Fonte: Salvador e Salvador (2017).

Salienta-se que o produto final desta pesquisa ofertará à Rede Bibliocontas um arcabouço estrutural de práticas para cada modo de conversão do conhecimento em sua aplicabilidade, acompanhado da ferramenta de GC que facilite sua eficácia e eficiência.

Para isso, é essencial que as organizações se apropriem das tecnologias de comunicação para o gerenciamento do conhecimento, principalmente, para se extrair o conhecimento que se encontra intrínseco às pessoas, no que diz respeito às suas experiências e vivências, em que as tecnologias de informação e comunicação "[...] possibilitam às pessoas compartilhar quantidades enormes de informações sem as restrições dos limites geográficos e temporais" (BUKOWITZ; WILLIAMS, 2002, p. 19).

Assim, consideram-se as ferramentas e práticas da GC úteis e, como não dizer, essenciais, para ajudar em uma melhor execução das atividades e compartilhamento das informações organizacionais.

No que tange ao compartilhamento de informações e conhecimento, ênfase será dada, na seção seguinte, às redes de conhecimento, visando ao uso efetivo das tecnologias digitais de informação e comunicação.

CAPÍTULO 3

REDES DE CONHECIMENTO

Diante da realidade das novas tecnologias e da internet, a potencialização da comunicação fica evidente à medida que se pode acessar o que quiser a qualquer hora e em diferentes locais, permitindo mais rapidez na troca de informações. A todo instante, novos dispositivos e redes de informação surgem, tanto para incluir a informação como para armazená-la e disponibilizá-la, favorecendo os campos de atuação das redes.

Quando algumas barreiras impedem o encontro presencial, alguns meios de comunicação podem favorecer a criação de redes, conforme Figura 10, sendo eles: *e-mail*, telefone, extranet, *chat*, intranet, videoconferência, e alguns *softwares* que podem auxiliar na criação e no compartilhamento do conhecimento.

FIGURA 10 – Comunicação em rede

Fonte: *Site Vendas 360º* (2022).[8]

---

[8] GESTÃO de redes sociais. *Vendas 360º*, 2022. Disponível em: https://vendas360.*on-line*/ produto/gestao-de-redes-sociais/. Acesso em: 22 ago. 2022.

Tomaél (2008, p. 4) afirma que "[...] quando se aborda o tema redes, impregnado em seu conceito está a concepção de cooperação, por serem as redes responsáveis pelas articulações entre diferentes atores que interagem entre si e fortalecem todo o conjunto".

Em concordância, as redes podem ser consideradas comunidades virtuais, principalmente pelas relações de colaboração e cooperação entre seus membros, visando a um objetivo comum, dando suporte ao aprendizado colaborativo e compartilhado.

Já Marteleto e Silva (2005, p. 41) consideram que as redes são "[...] sistemas compostos por 'nós' e conexões entre eles que, nas ciências sociais, são representados por sujeitos sociais (indivíduos, redes, organizações, etc.) conectados por algum tipo de relação" (ver Figura 11).

FIGURA 11 – Conhecimento em rede

Fonte: *Site Vanessa Guimarães* (2023).[9]

A exemplo, podem ser considerados um assunto específico uma área do conhecimento ou instituições de mesmo segmento, em que os sujeitos envolvidos compartilham do mesmo interesse, visando a um bem comum, dando origem às redes de conhecimento.

---

9   *Site* de Vanessa Guimarães (Disponível em: https://bityli.com/Dl6xu. Acesso em: 12 fev. 2023).

Nesse contexto, a gestão das redes é constituída, principalmente, pelas relações de colaboração e cooperação entre os membros das comunidades, que visam a um bem comum, dando suporte ao aprendizado colaborativo e compartilhado. Por isso, o uso, tratamento, compartilhamento e gerenciamento do conhecimento em prol das organizações precisam ser desenvolvidos (SILVA *et al.*, 2012).

Autores como Tomaél (2008), Johnson (2011), Marteleto e Silva (2004), entre outros estudiosos da área que abordam a temática, têm contribuído para o seu desenvolvimento.

Sobre as redes de conhecimento, Tomaél (2008) considera que se caracterizam pelo "[...] desenvolvimento de novas ideias e processos, decorrentes da interação entre os atores e fortalecem os estoques individuais e coletivos [...] são configuradas e (reconfiguradas) pelo movimento da informação e pela construção do conhecimento". Nesse sentido, todos os envolvidos saem ganhando com a adoção das redes de conhecimento, tanto os indivíduos quanto as organizações nas quais se inserem.

Borges (2008, p. 179), corroborando a construção e a colaboração nas redes de conhecimento, elucida:

> As mudanças no papel, no significado, na natureza e no uso estratégico da informação e do conhecimento, além de influenciarem a realocação do poder e a sua configuração, o planejamento e desenvolvimento das organizações e das empresas exigem uma abertura para o ambiente externo, um conhecimento atualizado e adaptado a essa nova realidade e ao contexto, de maneira a possibilitar uma ampliação de suas funções, e a sua inserção, de modo cada vez mais criativo e participativo, na construção do desenvolvimento e dos ideais democráticos.

Considera-se que a constituição de redes de conhecimento facilita a construção de novas ideias, quando se compartilha, se dá a chance de melhorar o que já é bom, sendo útil também no apoio à resolutividade de problemas que possam aparecer em outra organização participante, por isso, é importante a troca de boas práticas e experiências vivenciadas, como ilustrado na Figura 12.

FIGURA 12 – Colaboração em redes de conhecimento

Fonte: Orlandi (2017).

Assim, Ridings, Gefen e Arinze (2002, p. 273) corroboram, ao dizer que redes de conhecimento são "[...] redes de pessoas com interesses e práticas em comum que se comunicam regularmente, por um período de tempo determinado, de uma forma organizada na internet, utilizando um mecanismo específico".

Vale salientar que, para que qualquer relação dê certo, faz-se necessário que seja estabelecido certo nível de confiança, dessa forma, nas relações mantidas nas redes de conhecimento isso não é diferente, principalmente, no que tange à sua efetivação.

Conclui-se assim que a cooperação visa ao enriquecimento para todos que participam, sendo caracterizada como uma união formal ou informal, como as redes de bibliotecas, que adquirem serviços que serão utilizados em comum e que trarão benefícios a todas as partes, e, para que isso ocorra de forma efetiva, alguns modelos de redes de conhecimento são abordados na literatura. A seguir serão citados alguns.

3.1 Modelos de redes de conhecimento

Tomaél (2008 *apud* MULLER, 2018, p. 66) elucida que as redes de conhecimento são utilizadas para designar variados modelos de trabalhos em cooperação, como redes de gestão do conhecimento, alianças estratégicas, redes de especialistas, redes de informações, comunidades de prática, redes de conhecimento, entre outros elementos e formas de redes de cooperação.

No Quadro 3, é possível observar alguns modelos cooperativos de redes de conhecimento, segundo Tomaél (2008, p. 5):

QUADRO 3 – Modelos de redes de conhecimento

Modelos	Abordagem	Finalidade
Redes internas de gestão do conhecimento.	Redes que se desenvolvem através do mapeamento do conhecimento dos especialistas, combinado com a criação de ambientes apropriados para compartilhá-lo.	Sua finalidade inicial é maximizar a aplicação do conhecimento individual, agregando-o aos objetivos da organização. Estas redes são principalmente intraorganizacionais, embora possam até cruzar limites nacionais.
Alianças estratégicas	São arranjos intencionais entre organizações com interesses comuns, que permitem, às firmas participantes, ganhar vantagem competitiva em relação a seus concorrentes fora da rede. Ocorrem no setor privado.	"São acordos firmados em conformidade entre parceiros autônomos acordos de intercâmbio tecnológico; investimento direto; licenciamento; redes horizontais e verticais de vários tipos" (LASTRES, 1995, p. 127).
Redes de especialistas	Reúnem preferentemente indivíduos, não organizações. O convite para se juntar à rede é baseado na especialidade, em uma área particular.	"Disseminam informação na rede interna e externa à organização" (METOYER-DURAN, 1993).
Redes de informação	Promovem primeiramente o acesso à informação fornecida por membros da rede e ocasionalmente se organizam por assuntos.	São fundamentalmente de natureza passiva. Os usuários devem ir à rede para se beneficiar do trabalho dela.
Redes de conhecimento formal	Consistem em grupos de organizações especializadas que trabalham juntas para um fim comum, fortalecem suas capacidades de pesquisa e de comunicação, compartilham bases de conhecimento e desenvolvem soluções que vão ao encontro das necessidades dos responsáveis pela tomada de decisões nos níveis nacional e internacional.	"Duas forças conduzem à proliferação e à virtualização das redes de conhecimento nas empresas. A primeira é a tecnologia da informação, que possibilita coordenar os trabalhos através do tempo e do espaço. E a segunda são os produtos, serviços e processos empresariais mais intensivos em conhecimento" (JARVENPAA; TANRIVERDI, 2003).
Comunidades de práticas (CoPs)	Comunidade formada por dois ou mais indivíduos para a conversação e o compartilhamento de informação, visa ao desenvolvimento de novas ideias e processos. A participação é voluntária, e, quanto maior o interesse dos participantes, mais condições a comunidade terá de se desenvolver. Atrai indivíduos que estão dispostos a compartilhar sua expertise.	O que move essas comunidades é a intenção de fortalecer as habilidades individuais.

Fonte: Elaborado pela autora (2023).

Entre os tipos de redes de conhecimento citadas no quadro acima, enfatizam-se as comunidades de práticas (CoPs), sendo, segundo à pesquisadora, a que mais se aproxima da Rede Bibliocontas.

Tal fato pode ser confirmado com o pensamento de Wenger (1998), o qual menciona que as pessoas são ligadas umas às outras pelo envolvimento concreto em atividades ou práticas comuns, engajadas mutuamente num empreendimento coletivo, orientadas por um senso de propósito comum, assim dizendo, elas se encontram, se conhecem e criam vínculos de confiança para compartilhar suas experiências e seus aprendizados procurando benefícios mútuos. E esse é o objetivo da Bibliocontas, unir-se em colaboração e cooperação para alcançar êxitos em suas atividades laborais em benefício do bom andamento dos TC.

Miskulin (2010) também explicita o conceito de CoPs como sendo:

> Constituídas por pessoas engajadas em um processo de aprendizagem social, coletiva em um domínio, que compartilha: uma preocupação, um objetivo ou uma paixão por ações que fazem e aprende, por meio de uma interação, como fazer essas ações cada vez mais aprimoradas. Essa definição propõe, mas não assume, intencionalmente, que a aprendizagem pode ser a razão principal para uma comunidade começar, ou ainda a aprendizagem pode ser o resultado incidental da interação entre os participantes de uma comunidade. (MISKULIN, 2010, p. 4)

Em consonância, este é o papel da Rede Bibliocontas, que se resume em um grupo de profissionais da informação atuantes na mesma esfera organizacional, os Tribunais de Contas, que possuem interesses em comum e utilizam este espaço, a Rede, para troca de experiências adquiridas em sua prática de trabalho e/ou pessoal, compartilham documentos e enriquecem seus vínculos colaborativos, cooperativos e de amizade.

Dando continuidade, a seguir, será abordada a gestão das redes de conhecimento, tradando dos benefícios e vantagens.

3.2 Gestão de redes de conhecimento

Uma boa gestão de redes de conhecimento contribui para a melhoria do ambiente organizacional, sendo crucial mapear e monitorar os fluxos informacionais e as fontes do ambiente em que a rede se encontra, sendo considerada uma boa estratégia para que se avance e se obtenham resultados positivos e inovadores, sendo, assim, a estrutura formal "umas das principais ferramentas para a gestão do conhecimento nas organizações" (JOHNSON, 2009, p. 113).

Fortalecendo este pensamento, Johnson (2009, p. 119) acredita que "[...] os funcionários devem confiar que determinadas mensagens fluirão para locais específicos em momentos certos", visto que isso reduz a incerteza, conferindo previsão às atividades da empresa por meio de seus fluxos. "Algo que poderia levar a um diálogo melhor seria aumentar a base de conhecimento dos funcionários [...] os subordinados precisam entender que mensagens são relevantes para seus supervisores e quais são importantes para eles próprios" (GLAUSER, 1984 *apud* JOHNSON, 2011, p. 320).

Nessa esfera, pode-se concluir que as redes de conhecimento auxiliam na gestão estratégica das organizações, uma vez que podem ser utilizadas no intuito de propiciar o aprimoramento da governança digital na Administração Pública, conforme a Portaria nº 290, de 29.9.2016 (BRASIL, 2016).

Para um melhor entendimento, o art. 2º da Portaria nº 290, de 29.9.2016, considera: "[...] Redes de Conhecimento relevantes ao aprimoramento da governança digital na administração pública [...] que permita a interação entre pessoas". Tendo a finalidade de: I – gerar, compartilhar e disseminar conhecimento e experiências; II – formular propostas de padrões, políticas, guias e manuais; III – discutir sobre os desafios enfrentados e as possibilidades de ação; e IV – prospectar novas tecnologias para facilitar a prestação de serviços públicos disponibilizados em meio digital, o fornecimento de informações e a participação social por meios digitais (BRASIL, 2016).

Esse documento é uma poderosa ferramenta para lidar com o conhecimento nas organizações, sendo importante também, de acordo com Johnson (2009, p. 41), mapear o desconhecido, porque os indivíduos são supervalorizados pelo que sabem, e menos valorizados pelo que não sabem ou pensam que não sabem, e esta é uma ótima oportunidade de identificar "[...] a existência de lacunas no conhecimento para justificar a adoção de programas e projetos de pesquisa" (JOHNSON, 2009, p. 41).

Johnson (2009, p. 40) alega que "[...], em geral, o número de coisas desconhecidas é muito maior que o das conhecidas, mas temos a tendência de focar objetos, em vez de considerar o contexto [...] de modo que nos concentramos no que é conhecido e não no que desconhecemos".

Ou seja, investir no conhecido é válido para a organização, uma vez que se torna mais fácil ocorrer colaboração entre os que sabem. Contudo, é interessante identificar e investir em indivíduos que se mostram desconhecidos, que, inicialmente, não têm a noção do conhecimento que possuem, e que pode ser aproveitado e agregado a outros conhecimentos, para, assim, contribuirem e se sentirem motivados a aprender. De acordo com Valentim (2006, p. 20):

> No espaço das organizações, a construção de conhecimento coletivo é resultado natural do conhecimento individual. Com isso, as interações entre os envolvidos revelam a construção do conhecimento coletivo, que só é possível por meio do compartilhamento e socialização do conhecimento individual.

Essa prática da construção coletiva do conhecimento favorece a resolução de problemas e a construção de novos relacionamentos necessários para uni-los por meio da integração, em que, "[...] nas atuais organizações de conhecimento intensivo, o bom desempenho está intimamente ligado à capacidade de o indivíduo fazer as conexões necessárias para obter as informações corretas em tempo hábil", visando à sobrevivência da organização (JOHNSON, 2009, p. 48).

O papel da gestão nas redes de conhecimento passa a ser, em grande medida, o de determinar que questões cruciais precisam ser exploradas, e então facilitar e aprimorar a obtenção de conhecimento relacionado a elas, criando campos de informação significativos.

Johnson (2011) acrescenta ainda, que "[...] o modo como organizamos as estruturas para poder realizar o nosso trabalho tem um impacto profundo na construção de redes de conhecimento".

Corroborando, Buchel e Raub (2002 *apud* TOMAEL, 2008, p. 4) afirmam:

> As redes de conhecimento têm potencial para dar suporte às organizações intensivas em conhecimento, melhoram sua eficiência, impulsionam a inovação e assim mantêm o moral dos empregados [...] as redes de conhecimento cada vez mais são fortalecidas e despertam interesses dentro das organizações.

A seguir estão elencadas algumas vantagens de se gerenciar as redes de conhecimento, descritas por Creech e Willard (2001 *apud* TOMAÉL, 2008, p. 3):

- as redes de conhecimento enfatizam a criação de valores comuns por todos os seus membros, movimentam-se por meio do compartilhamento da informação, visando à reunião e à criação de novos conhecimentos;

- as redes de conhecimento fortalecem a capacidade de pesquisa e de comunicação em todos os membros na rede;
- as redes de conhecimento identificam e implementam estratégias que exigem maior empenho dos responsáveis na tomada de decisões, isso porque movimentam o conhecimento dentro de políticas e práticas adotadas pelos participantes.

Pode-se considerar, portanto, que a adoção das redes de conhecimento pelas organizações se constitui em um enorme ganho, principalmente, no fortalecimento dos laços entre os participantes, que sustenta a rede e promove o desenvolvimento de uma cultura de cooperação.

Guimarães, Gramkow e Filipon (2003 *apud* TOMAÉL, 2008, p. 3) destacam os principais benefícios das organizações pela atuação em rede:

- construção do conhecimento;
- desenvolvimento tecnológico;
- novos negócios e abertura de mercado;
- aumento da qualidade e da produtividade de serviços, produtos e processos;
- ascensão pela transferência de tecnologia e pela sistematização de processos.

A junção das vantagens e benefícios garante a eficiência das redes de conhecimento, gera, principalmente, a inovação das organizações que representam um diferencial competitivo no âmbito mercadológico.

CAPÍTULO 4

PERCURSO METODOLÓGICO

Nesta seção, é caracterizada a pesquisa e são descritos os procedimentos de coleta e de análise de dados, são indicadas a população e a amostra e é caracterizado o campo de estudo.

4.1 Caracterização da pesquisa

Para a pesquisa, foi utilizado o método indutivo-dedutivo, com o qual é possível estabelecer uma análise multidirecional entre teoria e dados empíricos na pesquisa.

Observa-se, também, que a pesquisa utilizou o *método de procedimento monográfico*, por meio de *estudo de caso*, o qual sugere "[...] examinar o tema escolhido, observando todos os fatores que o influenciaram e analisando-o em todos os seus aspectos" (MARCONI; LAKATOS, 2017, p. 115). Os autores destacam, ainda, que "qualquer caso que se estude em profundidade pode ser considerado representativo de muitos outros ou até de todos os casos semelhantes" (MARCONI; LAKATOS, 2003, p. 106).

É importante destacar que, mediante pesquisas bibliográficas realizadas nas bases de dados sobre o campo de estudo, este pode ser caracterizado como *estudo de caso* único, uma vez que, de acordo com Severino (2007, p. 121) trata-se de uma pesquisa "que se concentra no estudo de um caso particular, considerado representativo de um conjunto de casos análogos, por ele significativamente representativo", e não se encontram disponíveis na internet estudos que tratem do campo de estudo, abordando a temática redes de conhecimento.

Em se tratando de *sua natureza*, a pesquisa se qualifica como aplicada, pois os resultados obtidos a partir da pesquisa devem "[...] se tornar relevantes para o campo da prática, e para a solução de problemas na prática" (FLICK, 2009, p. 19). Para Prodanov e Freitas (2013, p. 51), a pesquisa aplicada "[...] objetiva gerar conhecimentos para aplicação prática dirigidos à solução de problemas específicos". E, no caso da pesquisa em questão, os resultados obtidos poderão contribuir para aperfeiçoar o gerenciamento da Rede Bibliocontas.

Quanto ao método de *abordagem da pesquisa*, caracteriza-se como qualitativo, utiliza um conjunto de práticas interpretativas e materiais para entender a atribuição de significados, aspecto básico no processo de pesquisa. "O enfoque qualitativo utiliza a coleta de dados sem medição numérica para descobrir ou aprimorar perguntas de pesquisa no processo de interpretação" (SAMPIERI; COLLADO; LUCIO, 2013, p. 33).

Para Flick (2009, p. 23), "[...] a pesquisa qualitativa não está moldada na mensuração", pois, neste tipo de pesquisa, não há interesse na padronização da situação nem na representatividade numérica dos participantes, em vez disso, a coleta de dados é concebida de uma maneira mais aberta, e que possibilita a reconstrução do quadro que está sendo estudado.

Em busca de atingir os *objetivos*, a pesquisa é considerada exploratória e descritiva. Na pesquisa exploratória, considerada a fase inicial da pesquisa, se delimita a trajetória que o trabalho seguirá, "[...] possui planejamento flexível, o que permite o estudo do tema sob diversos ângulos e aspectos" (PRODANOV; FREITAS, 2013, p. 51). Já a descritiva é concentrada na parte da investigação, em que é possível a coleta de dados "fiéis" e o pesquisador colhe as informações e as analisa posteriormente, sem interferir, o qual: "[...] procura descobrir a frequência com que um fato ocorre, sua natureza, suas características, causas, relações com outros fatos" (PRODANOV; FREITAS, 2013, p. 52).

Em relação aos *procedimentos da pesquisa*, estes serão detalhados mais adiante, na subseção 4.3.

Assim, para melhor visualização da caracterização metodológica da pesquisa, consta o Quadro 4.

QUADRO 4 – Classificação metodológica da pesquisa

Método	Indutivo-dedutivo e monográfico (estudo de caso)
Natureza	Aplicada
Abordagem	Qualitativa
Objetivos	Descritiva e exploratória
Procedimentos	Pesquisa bibliográfica Pesquisa documental Pesquisa de campo com aplicação de questionário e formulário

Fonte: Elaborado pela autora (2022).

A seguir, será abordado, de forma mais aprofundada, o campo de estudo da pesquisa, com ênfase na população e amostra a ser investigada.

4.2 Campo de estudo da pesquisa

A pesquisa tem como foco a Rede Bibliocontas, considerada "[...] uma rede de cooperação e intercâmbio dos profissionais de informação atuantes em unidades de informação dos tribunais de contas e órgãos afins dos países de língua portuguesa e Mercosul" (INSTITUTO RUI BARBOSA, 2014).

Conforme exposto anteriormente, a Rede é caracterizada como uma comunidade de prática, tendo sua origem em outubro de 2003, por iniciativa do Tribunal de Contas do Estado de Pernambuco, onde foi realizado o I Fórum Nacional de Bibliotecários dos TC, que acontece bienalmente, promovendo a troca de experiências e o compartilhamento de conhecimentos na área da informação. Como resultado de cada evento, os integrantes da Bibliocontas elaboram carta-compromisso, protocolo de intenções e relatório final, documentos que contêm sugestões de temáticas e assuntos para o próximo fórum, diretrizes para a colaboração entre os Tribunais de Contas e demais entidades, recomendações para procedimentos, entre outras proposições.[10]

---

[10] *Site* do IRB (Disponível em: https://irbcontas.org.br/bibliocontas/. Acesso em: 14 dez. 2022).

A Rede Bibliocontas passou a fazer parte da estrutura organizacional do IRB por meio da Portaria nº 20, de 26.9.2014, conforme apresentado na Figura 13. Para melhor entendimento, o IRB é uma associação civil criada pelos Tribunais de Contas do Brasil em 1973 e que objetiva auxiliar no desenvolvimento e aperfeiçoamento das suas atividades. É estruturado administrativamente em cinco vice-presidências: relações institucionais, desenvolvimento institucional, auditoria, políticas públicas de ensino e pesquisa e extensão, estando a Bibliocontas inserida neste último.[11]

FIGURA 13 – *Homepage* do IRB e da Rede Bibliocontas

Fonte: *Site* do IRB (2022).[12]

O IRB possui em sua estrutura organizacional comitês técnicos, e os membros da Bibliocontas são responsáveis pelo Comitê Técnico Gestão da Informação (CTGIC), como pode ser observado na Figura 14. O CTGIC dos Tribunais de Contas do Brasil foi criado pela Portaria IRB nº 11, de 16.5.2019, o Conselheiro Edilberto Carlos Pontes Lima (TCE-Ceará) foi nomeado presidente. A Portaria IRB nº 15, de 5.7.2019, nomeou membros e assistente técnicos, para o biênio 2019-2020.[13]

---

[11] *Site* do IRB (Disponível em: https://irbcontas.org.br/bibliocontas/. Acesso em: 19 dez. 2022).
[12] *Site* do IRB (Disponível em: https://irbcontas.org.br/bibliocontas/. Acesso em: 14 dez. 2022).
[13] *Site* do IRB (Disponível em: https://irbcontas.org.br/bibliocontas/. Acesso em: 21 dez. 2022).

FIGURA 14 – Organograma do IRB

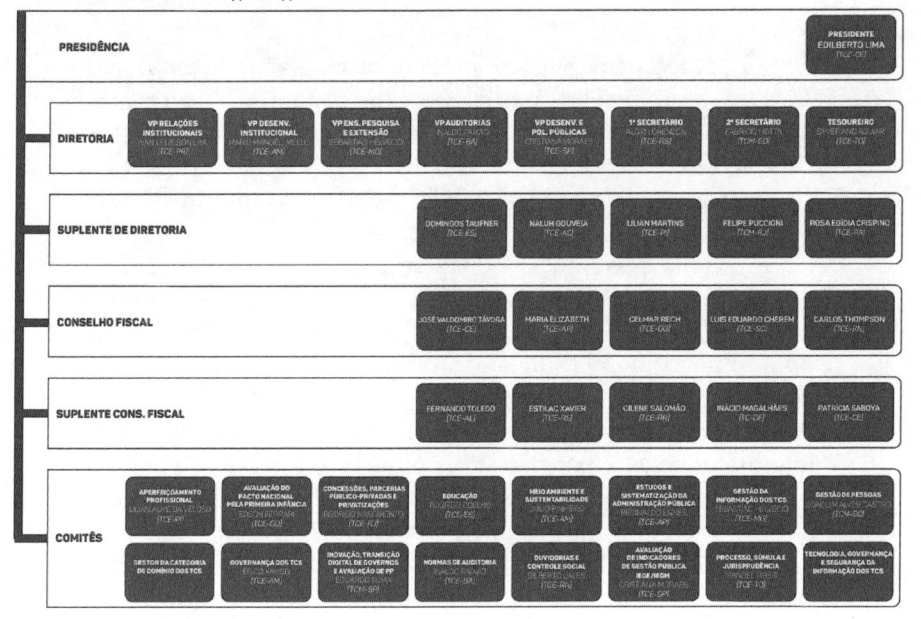

Fonte: *Site* do IRB (2022).

A Rede é vista como elemento facilitador para interação entre os profissionais da informação dos TC, tornando-se um espaço centralizador e disseminador do que é produzido por eles, bem como possui a missão de oferecer apoio às atribuições constitucionais dos TC.

Além de discutir coletivamente os pontos traçados nos Fóruns Bibliocontas, a Rede enfatiza ações de gestão da informação e do conhecimento (GIC) por meio de ferramentas e práticas capazes de estimular o compartilhamento colaborativo, gerindo o que é produzido pelos TC, entre eles: projetos, eventos, lançamentos de publicações, pesquisas, legislação, jurisprudência etc., como, também, dar apoio informacional às ações de pesquisa desenvolvidas pelo IRB.

Em face disso, vem o reconhecimento dos dirigentes dos TC acerca da importância do acesso à informação e sua disseminação de forma eficiente, no momento em que se inicia a criação de modelos e representações de padrões.

4.2.1 População e amostra

A população investigada foram os profissionais da informação, bibliotecários, arquivistas, museólogos e historiadores, atuantes nos 33 TC do Brasil, os quais se subdividem de acordo com a sua competência territorial. Melhor entendendo, são divididos em três níveis: União (TCU), estados (nas 26 capitais e Distrito Federal), municípios (Bahia, Goiás, Pará, São Paulo e Rio de Janeiro).

A escolha desses profissionais se justifica por serem usuários e colaboradores, concomitantemente, da Rede Bibliocontas. A tentativa de incluir todos os TC na coleta dos dados se deu pela expectativa de se obter o maior número de amostras que dessem subsídios para o embasamento da pesquisa.

Quanto à amostragem de informantes, não foi possível mensurar o quantitativo exato, por não se ter o número total de profissionais que fazem parte da Rede e de cada TC. Uma das prováveis causas é a mudança de gestão que acontece a cada dois anos em todos os TC. Por conseguinte, a mudança de alguns servidores dos setores é muito provável de acontecer, principalmente, pelo fato de o quadro de pessoal efetivo não ser suficiente, havendo a necessidade de complementar com quadro de pessoal comissionado.

Devido a isso, utilizou-se "a amostra [...] não probabilística" (PRODANOV; FREITAS, 2013, p. 98), que pode se apresentar de duas formas, intencional ou de seleção racional e por acessibilidade ou por conveniência.

A que mais se aproxima da realidade da pesquisa é a amostra por acessibilidade ou por conveniência, que, segundo Prodanov e Freitas (2013, p. 98-99), é aquela em que "o pesquisador seleciona os elementos a que tem acesso, admitindo que esses possam de alguma forma, representar o universo".

4.3 Procedimentos técnicos de coleta e análise dos dados

Do ponto de vista dos *procedimentos técnicos de coleta*, recorreu-se à pesquisa bibliográfica, pesquisa documental e pesquisa de campo com aplicação de questionário e uso de formulário.

A pesquisa bibliográfica "[...] abrange toda bibliografia já tornada pública em relação ao tema de estudo" (MARCONI; LAKATOS, 2003,

p. 183). Com isso, busca-se construir um referencial teórico que sirva como subsídio para a compreensão dos assuntos estudados.

Tendo em vista o primeiro e o segundo objetivos específicos, foi realizada pesquisa bibliográfica em bases de dados nacionais e internacionais mediante revisão da literatura. Neste caso, atendendo ao primeiro objetivo específico desta pesquisa, que é identificar as características das redes de conhecimento citadas na literatura brasileira, foi realizado levantamento bibliográfico no dia 25.7.2022, utilizando três bases de dados, a saber, Brapci, Scielo e Scopus.

O argumento de pesquisa utilizado nas bases de dados nacionais foi o termo em português: "Redes de Conhecimento", já na base de dados internacional, a Scopus, foi utilizado o termo em inglês: "Knowledge networks". Os critérios de inclusão para definição da amostra foram trabalhos publicados no período de 2002 a 2023, sendo também aplicado o filtro quanto à tipologia "artigo".

Para melhor entendimento dos critérios apresentados e quantidade de artigos recuperados, observar o Quadro 5.

QUADRO 5 – Levantamento bibliográfico em bases de dados (1)

	Brapci	Scielo	Scopus
Expressão de busca	"Redes de conhecimento"	"Redes de conhecimento"	"knowledge networks"
Campos	Autores, Título, Palavras-chave, Resumo, Texto completo	Autor, ano de publicação, Financiador, Periódico, Palavras-chave, Resumo, Título	Título, resumo, palavras-chave
Período	Todo o período que consta na base (2002 a 2022)	Todo o período que consta na base (2002 a 2022)	Todo o período que consta na base (2002 a 2022)
1º filtro	Tipologia (artigo) 16 resultados	Tipologia (artigo) 6 resultados	Tipologia (artigo) 1.989 resultados
2º filtro	-	-	Acesso aberto 740 resultados
3º filtro	-	-	País (Brasil) 37 resultados
Quantitativo	16	06	37
Quantitativo geral	59 trabalhos		

Fonte: Elaborado pela autora (2022).

É relevante ressaltar no quadro acima que, ao comparar as duas primeiras bases de dados nacionais com a terceira, que é internacional, a discrepância da quantidade de publicações é muito significativa.

Dando continuidade, e visando atender ao segundo objetivo específico, que foi o de identificar na literatura brasileira ferramentas e práticas de gestão do conhecimento, foi realizado também levantamento bibliográfico. A referida pesquisa foi realizada no dia 26.7.2022, nas mesmas bases de dados utilizadas anteriormente, sendo combinados, em português para as bases nacionais, e em inglês para a base internacional, os seguintes argumentos: "Gestão do Conhecimento" combinado com "Práticas" e ainda "Ferramentas". O período utilizado para busca de trabalhos nas três bases foi compreendido entre os anos de 2011 a 2022, sendo, em seguida, aplicado o filtro relacionado à tipologia "artigo".

Assim, para melhor visualização do levantamento bibliográfico nas bases, foi elaborado o Quadro 6.

QUADRO 6 – Levantamento bibliográfico em bases de dados (2)

	Brapci	Scielo	Scopus (Elsevier)
Expressão de busca	"gestão do conhecimento" *and* "ferramentas" *and* "práticas"	"gestão do conhecimento" *and* "ferramentas" *and* "práticas"	"knowledge management" *and* "tools" *and* "practices"
Campos	Autores, Título, Palavras-chave, Resumo, Texto completo	Autor, ano de publicação, Financiador, Periódico, Palavras-chave, Resumo, Título	Título, Resumo, Palavras-chave
Período	2011 a 2022	2011 a 2022	2011 a 2022
1º filtro	Tipologia (artigo) 18 resultados	Tipologia (artigo) 4 resultados	Tipologia (artigo) 731 resultados
2º filtro	-	-	Acesso aberto 274 resultados
3º filtro	-	-	País (Brasil) 18 resultados
Quantitativo	18	04	18
Quantitativo geral	40 trabalhos		

Fonte: Elaborado pela autora (2022).

Como observado no levantamento anterior, pode-se constatar uma quantidade incipiente de publicações que envolvam ferramentas e práticas de GC na literatura brasileira, comparando-se com a quantidade de publicações recuperadas na base internacional, sendo bem superior antes de aplicado o filtro de país, quando ocorreu uma queda de quase o triplo de publicações.

Em se tratando da pesquisa documental, a qual se baseou em contemplar o terceiro objetivo específico da pesquisa, que é caracterizar a Rede Bibliocontas como rede de conhecimento, foi necessário analisar documentos referentes à Rede e extrair informações.

Outrossim, a coleta de dados baseou-se em documentos oficiais sobre o objeto de estudo, a saber: carta-compromisso, protocolo de intenções e relatório final. Assim, de acordo com Gil (2002), "[...] tal pesquisa permite a obtenção de dados com menor custo e favorece a obtenção de dados sem o constrangimento dos sujeitos".

Para melhor entendimento, foi realizada a relação de cada documento com o aspecto a ser analisado, conforme Quadro 7.

QUADRO 7 – Relação de documentos referentes à Rede Bibliocontas e aspectos analisados

Título do documento	Aspecto a ser analisado
Estatuto da Rede Bibliocontas	Aspecto de âmbito organizacional e estrutural da Rede.
Portarias da Rede Bibliocontas	Aspectos normativos sobre o funcionamento da Rede.
Documentos elaborados nos fóruns	Aspectos voltados para adoção de ferramentas e práticas de GC.

Fonte: Elaborado pela autora (2022).

No intuito de complementar, em se tratando da caracterização da Rede Bibliocontas como rede de conhecimento, identificou-se a necessidade de uma análise qualitativa do *website* da Rede Bibliocontas, por meio de técnica de formulário (Anexo 1).

Nogueira (1968, p. 129) define formulário como: "[...] destinado à coleta de dados resultantes quer da observação, quer de interrogatório, cujo preenchimento é feito pelo próprio investigador, à medida que faz as observações ou recebe as respostas, ou pelo pesquisado, sob sua orientação".

Tendo em vista o cumprimento do quarto objetivo específico, que foi o de analisar a percepção dos profissionais da informação atuantes nos TC do Brasil em relação às ferramentas e práticas de GC adequadas à Bibliocontas, foi realizada pesquisa de campo com aplicação de questionário (Apêndice B).

A intenção foi compreender como os profissionais lidam com as informações e os conhecimentos que possuem, detectando o grau de satisfação quanto aos conteúdos e ações utilizadas pela Rede, bem como descobrir quais as necessidades informacionais dos profissionais participantes da pesquisa.

Para isso, foi utilizada a plataforma *Google forms* para criação do questionário *on-line*, o qual gerou um *link* de acesso que foi enviado por *e-mail* para todos os TC. Salienta-se que a técnica de aplicação de questionário "[...] dá oportunidade para obtenção de dados que não se encontram em fontes documentais e orais que sejam relevantes e significativas" (MARCONI; LAKATOS, 2003, p. 198).

A aplicação dos questionários aconteceu no período de novembro e dezembro de 2022, sendo enviado o termo de consentimento (Apêndice A) e o *link* de acesso ao questionário *on-line* por *e-mail* para os 33 TC. Vale a pena destacar que os endereços dos *e-mails* foram obtidos a partir de documento disponibilizado na página virtual da Rede Bibliocontas, no Guia de Bibliotecas dos Tribunais de Contas.

Inicialmente, foram enviados os convites de acesso ao questionário no dia 22 de novembro por *e-mail*. Com vistas a aumentar a taxa de respondentes, foi enviado novo *e-mail* no dia 29 de novembro, sete dias após o primeiro convite. Contudo, para se obter um maior número de amostras foi enviado também o *link* de acesso ao questionário via grupos de *WhatsApp*, dos quais participam os profissionais da informação dos TC, acompanhado de mensagem enfatizando a importância da participação na pesquisa.

O questionário foi estruturado em três blocos, sendo o primeiro: a caracterização do informante; o segundo: o comportamento de busca e uso da informação nos Tribunais de Contas do Brasil, e o terceiro: a gestão da informação e do conhecimento na Rede Bibliocontas. O questionário compreendeu 25 (vinte e cinco) questões, com 24 (vinte e quatro) perguntas fechadas e uma aberta.

Na análise do conjunto dos dados coletados foi aplicada a metodologia de análise de conteúdo de Bardin e a análise de dados por estatística descritiva básica.

Para os fins desta pesquisa, a análise foi derivada da proposta de Bardin (2011), que apresenta a análise de conteúdo como:

> Um conjunto de técnicas de análise das comunicações visando obter por procedimentos sistemáticos e objetivos de descrição do conteúdo das

mensagens indicadores (quantitativos ou não) que permitam a inferência de conhecimentos relativos às condições de produção/recepção (variáveis inferidas) dessas mensagens. (BARDIN, 2011, p. 48)

A análise dos artigos obedeceu à sequência de três etapas, são elas: a pré-análise, que foi a identificação e organização das fontes que foi feita a partir do título, resumo e palavras-chaves dos artigos, em seguida, foi realizada a exploração do material selecionado por meio da análise de conteúdo, sendo categorizadas e codificadas as informações e, após, a interpretação do conteúdo do material coletado, que permitiu a inferência dos resultados.

A seguir, apresenta-se, no Quadro 8, a relação dos objetivos específicos e as técnicas e instrumentos de coleta e os métodos de análise de dados utilizados na pesquisa.

QUADRO 8 – Relação entre os objetivos específicos e as técnicas e instrumentos de coleta e os métodos de análise de dados

	Objetivos específicos	Técnicas e instrumentos de coleta	Métodos de análise
1	Indicar as características das redes de conhecimento citadas na literatura brasileira.	Pesquisa bibliográfica Revisão de literatura	Revisão de literatura
2	Identificar na literatura brasileira ferramentas e práticas de gestão do conhecimento.	Pesquisa bibliográfica Revisão de literatura	Revisão de literatura
3	Caracterizar a Rede Bibliocontas como rede de conhecimento.	Pesquisa documental Técnica de formulário	Análise de conteúdo
4	Analisar a percepção dos profissionais da informação atuantes nos TC do Brasil em relação às ferramentas e práticas de GC adequadas à Bibliocontas.	Questionário	Análise de conteúdo Análise de dados por estatística descritiva básica

Fonte: Elaborado pela autora (2022).

No capítulo a seguir, são apresentados resultados, análise e discussão dos dados coletados.

CAPÍTULO 5

ANÁLISE E DISCUSSÃO DOS RESULTADOS

Esta seção apresenta uma análise dos dados obtidos na coleta, bem como discute os resultados alcançados nesta pesquisa.

5.1 Revisão de literatura

Antes de apresentar o quadro com os resultados das análises de conteúdo realizadas nos artigos recuperados nas três bases de dados, abordando as características das redes de conhecimento e as ferramentas e práticas de gestão do conhecimento citadas na literatura científica brasileira, faz-se necessário informar que, durante a análise dos artigos, foram identificados alguns trabalhos repetidos e outros que não tinham relação com as expressões utilizadas na busca, totalizando, assim, 43 trabalhos excluídos da pesquisa inicial.

Infere-se tal fato da indexação dos termos nos campos de título, resumo e palavras-chave, recuperando, assim, trabalhos que não tinham aprofundamento com as temáticas em seu conteúdo.

Considerando o exposto, é apresentado, no Quadro 9, o resultado do quantitativo inicial e final, após as exclusões, dos trabalhos analisados para atender aos objetivos específicos 1 e 2.

QUADRO 9 – Quantidade de artigos após exclusão, comparado com a pesquisa inicial

Termos	Bases	Quant. (inicial)	Quant. total (inicial)	Quant. (exclusão)	Quant. (final)	Quant. total (final)
Redes de conhecimento	Brapci	16		0	16	
	Scielo	6	59	4	2	31
	Scopus	37		23	13	
Gestão do conhecimento; ferramentas; práticas	Brapci	18		1	17	
	Scielo	4	40	1	3	24
	Scopus	18		14	4	

Fonte: Elaborado pela autora (2022).

Como resultado da análise de conteúdo realizada nos trabalhos que continham características referentes às redes de conhecimento, serão apresentadas, no Quadro 10, a relação dos autores e as citações referentes à busca, mantendo, em destaque, palavras-chave que trazem atributos da temática.

QUADRO 10 – Características das redes de conhecimento encontradas na literatura brasileira

(continua)

Autores	Características das redes de conhecimento
Barreto (2005)	Uma rede de conhecimento é estruturada para que a *produção de saber* seja extremamente rica e flexível.
Santos e Amaral (2006)	Proporcionam a *produção de conhecimento* organizado e disseminado a toda uma comunidade.
Tomaél (2008)	Destacam a importância dos *resultados individuais*; movimentam-se pelo *compartilhamento da informação* e pela *construção do conhecimento*; desenvolvem uma *cultura de cooperação*; impulsionam as organizações e promovem a *inovação*; congregam a participação de *atores individuais e/ou organizacionais* nas redes; podem ser *formais*; podem ser *informais*; possibilitam o desenvolvimento de *novas ideias e processos*, decorrentes da *conversação e troca de informações*; fortalecem as *bases individuais e coletivas* de certa habilidade; reúnem transeuntes que se interessam em *compartilhar sua especialidade*; configuram-se e se reconfiguram.
Ferro e Moresi (2008)	Permitem que qualquer pessoa possa ser *disseminadora de informações* e participantes do processo de *criação do conhecimento*.

(continua)

Autores	Características das redes de conhecimento
Quintella; Freitas; Ventura; Santos; Queiroz Antonio (2009)	Articulam-se também com o conceito de *comunidade de prática* ao conceito de *aprendizagem*.
	Reforçam que ao *compartilhar ideias, equipamentos, métodos e técnicas*, os *atores* adotam critérios de acordo com a abordagem de seu interesse.
Alba; Ferla; Giora; Possa (2012)	O uso da informação é voltado para a *construção compartilhada de informações*.
Reis e Amato Neto (2012)	A *confiança* e a *cooperação* são aspectos de grande importância para as redes.
	A *confiança* torna a existência das redes economicamente viáveis.
Quintella; Freitas; Ventura; Motta; Jucá (2012)	Possuem indicadores-chave: a *coesão*, a *solidariedade* e a *identidade de um grupo*.
Alcantara; Silva; Tsunoda (2013)	Constituem-se como uma estrutura fundamental para a *criação* e *compartilhamento* do *conhecimento tácito* para registro do *conhecimento explícito*.
	São compostas de *pessoas interconectadas, compartilhando* sua visão dentro de um *ambiente integrado*.
Freitas; Marques; Silva (2013)	Mapeiam os *atores, necessidades e expertise acadêmica*.
Medeiros (2014)	Constituem-se como uma *inteligência coletiva* em que há a noção de *cooperação* e *articulação*.
Jordão (2015)	Construção do conhecimento nas redes, visando à *cooperação* nos processos de *compartilhamento da informação*.
	Facilitam a *criação, sistematização* e *compartilhamento* de informações e conhecimentos, quanto à *aprendizagem pessoal* e *organizacional*.
Ruffoni e Suzigan (2015)	O conhecimento tecnológico circula nas *relações informais* estabelecidas nas *comunidades de práticas* na busca por *inovações*.
Garcia; Diegues; Roselino; Costa (2015)	Beneficiam a *transferência de tecnologia*, de *capacitações* e de *know-how*, criando mecanismos de *intercâmbio de conhecimentos* e *inovação*.
Jorge e Valentim (2016)	Envolvem a *informação*, as *fontes de informação*, os *fluxos de informação* a *cultura organizacional*.
Strueber e Teixeira (2017)	São *meios de colaboração e dialogicidade*.
Ferreira; Alvares; Martins (2017)	Constituem-se por um *grupo de pessoas* com o propósito de *criar, gerar* e *disseminar conhecimento*.
Arruda; Silva; Costa; Amâncio (2017)	Melhoram os *processos de aprendizagem*.

(conclusão)

Autores	Características das redes de conhecimento
Jordão (2017)	Intensificam o *compartilhamento de informações e conhecimentos*.
	São fundamentais no desenvolvimento de novas *competências organizacionais* e *gerenciais sustentáveis*, como o aumento das formas de *acesso, criação, aquisição, transmissão, absorção* e *utilização* da *informação* e do *conhecimento*.
Menegassi; Tenório Junior; Sartori; Jorge (2019)	A construção do conhecimento passa a ser *colaborativa* e *bilateral* por meio de *práticas compartilhadas*.
Weersma; Coelho; Shintaku (2019)	Ela é *produtiva* e *sustentável* quando o aspecto de inovação está presente.
Zattar; Marteleto (2019)	Contextualiza-se nos processos de *produção, mediação* e *apropriação do conhecimento*.
	Compreendem-se através das relações entre os *agentes* e das suas *posições relativas* e *interdependentes*.
Jorge; Valentim; Sutton (2020)	As *fontes, fluxos* e *nós de conhecimentos* estão expostos de maneira formal, influenciando na *construção de conhecimento* e *inovação*.
	São voltadas para a *cooperação*, tanto no ambiente interno quanto externo.
Farias e Batista (2020)	Subsidia a *comunicação* entre os pesquisadores, fortalecendo a *produção científica* e a *construção do conhecimento*, visando a uma *gestão de informação científica*.
Rocha; Pires; Silva; Pontes (2020)	Denotam a articulação ativa de *cooperação*, explicitando o *fluxo de trocas de informações, intercâmbios de ideias e conhecimentos*.
Dalton; Skrobe; Bell; Kantner; Berndtson; Gerhardinger; Christie (2020)	Unem indivíduos para *aumentar o conhecimento compartilhado*, por meio de *redes de aprendizagem*.
Sedita; Hoffmann; Guarnieri; Toso Carraro (2021)	Estimulam o *comportamento* e *ações coletivas* por meio da propensão a *compartilhar conhecimento*.
Wilson; Dennison; Struminger; Park; Lessa (2021)	A disseminação do conhecimento é viável através da criação de *redes interativas* de trabalhos, *redes de comunicação e aprendizagem*.
Nunes; Neira (2021)	Articula-se com as concepções da *avaliação da aprendizagem*, como a *avaliação diagnóstica, avaliação somativa, avaliação formativa*.
Jordão; Novas (2022)	Realizam *ações conjuntas* potencializadas pelo uso da *informação* e *conhecimento*.

Fonte: Elaborado pela autora (2022).

Diante do exposto, a análise de conteúdo permitiu identificar que as redes de conhecimento possuem características intrínsecas abordadas por diferentes autores. Assim, Barreto (2005), Santos e Amaral (2006), Zattar e Marteleto (2019) e Farias e Batista (2020) trabalham as redes de conhecimento a partir da perspectiva de produção do saber e do conhecimento, concebendo-as como uma "[...] construção discursiva, social, coletiva e contextualizada dos processos de produção, mediação e apropriação do conhecimento" (ZATTAR; MARTELETO, 2019, p. 217).

Já Menegassi, Tenório Junior, Sartori e Jorge (2019), Jordão (2015), Tomaél (2008), Jorge, Valentim e Sutton (2020), Alba, Ferla, Giora e Possa (2012), Farias e Batista (2020) e Freitas, Marques e Silva (2013) discutem redes de conhecimento atreladas à construção do conhecimento de forma colaborativa, espontânea e informal, ou seja, os atores têm a liberdade de compartilhar entre si suas práticas, sem necessariamente existir um fluxo preestabelecido e um canal específico de compartilhamento. Nesse contexto, é importante salientar que: "[...] o relacionamento visando à cooperação tornou-se o ponto central da nova forma organizacional e de que os processos de compartilhamento da informação e de construção do conhecimento nas redes possuem um papel central nos empreendimentos modernos" (JORDÃO, 2015, p. 180).

Ao debater a criação do conhecimento nas redes, Jordão (2015, p. 184) enfatiza "[...] a necessidade da criação de um *ba* para que isso ocorra de maneira efetiva", ao passo que os envolvidos precisam de um espaço onde possam interagir entre si, e, como consequência, o surgimento de novos conhecimentos.

Ao analisarmos os artigos que abordam as redes de conhecimento sob a ótica da cooperação, vislumbra-se a união de pessoas e/ou organizações que compartilham interesses em comum, visando à participação de todos os envolvidos no desenvolvimento do conhecimento.

Nesse sentido, Jorge, Valentim e Sutton (2020, p. 7) observam que "[...] nesse momento as organizações passam a construir verdadeiras redes de conhecimento voltadas para a cooperação, tanto no ambiente interno quanto externo", levando a considerar a realização de mapear o conhecimento existente, a fim de se estabelecer conexões e criar espaços propícios para o compartilhamento de informações e de conhecimentos.

Complementando o pensamento acima, Reis e Amato Neto (2012, p. 347) destacam que "[...] a confiança e a cooperação são aspectos que têm papel central no sucesso alcançado pelas redes [...]", em razão disso, a qualidade e a produtividade de serviços, produtos e processos de uma organização podem aumentar significativamente.

Outro aspecto importante e bastante destacado é a inovação, sendo considerado fator determinante para a competitividade das organizações, uma vez que colabora para o impulsionamento de novas ideias e a aprendizagem contínua, desenvolvendo uma cultura comum.

Corroborando a aplicação da inovação nas redes, destaca-se:

> As organizações ao considerarem a construção das redes de conhecimento, passam a ser capazes de realizarem inovações de maneira mais ágil, uma vez que as fontes, fluxos e nós de conhecimentos de suas redes estão expostos de maneira formal. Os modelos adotados pelas organizações podem influenciar de maneira direta essas redes, uma vez que os modelos possuem uma série de variáveis que as influenciam às construções de conhecimentos e por fim, às inovações. (JORGE; VALENTIM; SUTTON, 2020, p. 5)

Assim, é interessante rever a cultura de trabalho instalada nas organizações com o intuito de promover um ambiente favorável, no qual as pessoas possam acompanhar as mudanças que a gestão trará, principalmente, no que tange à inovação. Para isso, a informação deve ser efetivada de maneira eficiente, de modo que o seu fluxo na organização seja claro, contínuo, mútuo e participativo.

E, por último, outro elemento essencial discutido e destacado com incidência pelos autores é o compartilhamento. Alcantara, Silva e Tsunoda (2013, p. 7) afirmam que "[...] uma rede de conhecimento organizacional constitui uma estrutura fundamental para criação e compartilhamento do conhecimento tácito e, muitas vezes, para registro explícito deste conhecimento".

Contudo, o acesso à informação e a identificação das necessidades informacionais dos indivíduos partícipes dos processos organizacionais são, sobremaneira, relevantes para a construção do conhecimento e, consequentemente, para o sucesso na competitividade.

Tal fato pode ser justificado pelo avanço das tecnologias, que aceleram a disseminação das informações, permitindo novas formas de acesso, desenvolvimento de redes, intercâmbio de informações e compartilhamento de conhecimentos.

Com vistas a sintetizar as palavras que foram mencionadas com maior frequência pelos autores no quadro acima, foi confeccionada uma nuvem de *tags* utilizando a ferramenta *WordArt*. Vale salientar que as características das redes de conhecimento só puderam ser destacadas de acordo com o levantamento bibliográfico que serviu de embasamento para o referencial teórico sobre redes de conhecimento.

FIGURA 15 – Nuvem de palavras-chave com base no levantamento bibliográfico 1

Fonte: Elaborado pela autora utilizando a ferramenta *on-line WordArt* (2022).

Dessa forma, baseando-se nos artigos e nas características das redes de conhecimento analisadas, é possível afirmar que estas comunicações contribuem para fundamentar as propostas voltadas ao aprimoramento da Rede Bibliocontas.

Nesse sentido, foi realizada análise de conteúdo nos artigos recuperados nas bases de dados Brapci, Scielo e Scopus, abordando as ferramentas e práticas de GC citadas pelos autores, como mostra o Quadro 11.

QUADRO 11 – Ferramentas e práticas encontradas na literatura brasileira

(continua)

Autores	Ferramentas de gestão do conhecimento encontradas na literatura	Práticas de gestão do conhecimento encontradas na literatura
Lapa; Rodríguez (2006)	Portal corporativo.	Gestão científica, gestão administrativa, gerenciamento do fluxo editorial.
Ribeiro; Pereira; Silva; Faroni (2011)	Portais, sítios, sistemas informatizados.	Disseminação da informação.
Barbosa e Nassif (2012)	Gerência de Recursos Informacionais (GRI).	Roteiro das atividades: mapeamento das áreas/setores, atividades gerais, atividades específicas, acompanhamentos e atividades, definição de indicadores, finalização.
Hors; Goldberg; Almeida; Babio Júnior; Rizzo (2012)	Lean Seis Sigma (LSS), Guia do conhecimento em gerenciamento de projetos (PMBOK), I-Search.	Brainstorming, grupos de trabalho, competição, discussão facilitada, coleta de conhecimento, reunião/grupo de trabalho, entrevista, rede informal, comunidades de prática, cafés de conhecimento, comunidades de compartilhamento, contação de histórias, coaching/mentoring, mapeamento casual, revisão pós-ação, mapeamento de conhecimento, balance scorecard, modelagem de conhecimento, melhores práticas, resolução de problemas, investigação contextual, mapeamento de processos, oficina do conhecimento, lição aprendida, filtragem de conhecimento, benchmarking, grupos focais, seminários, rotação de trabalho, treinamento de equipes de projetos.
Maraes de Bem e Coelho (2013)	Blogs, Wikis, redes sociais; Bookmarking, Tagging, Web 2.0, Websites, Drupal, Plone, Joomia, Wordpress, Tags.	Lean Thinking
Moraes Bem e Coelho (2013)	Folksonomias, Tesauros, Taxonomias, Ontologias, E-mails.	Memória organizacional (MO); aquisição de conhecimento; distribuição de conhecimento; mapeamento de competências.
Costanzo e Sánchez (2014)	Sistemas de informação, sistemas de gestão de projetos, repositórios de conhecimento.	Arquitetura para portais de conhecimento, gestão de documento e conteúdo, busca avançada de informação e de especialistas, times de colaboração, workflow, business intelligence, publicação e análise de conteúdo.

(continua)

Autores	Ferramentas de gestão do conhecimento encontradas na literatura	Práticas de gestão do conhecimento encontradas na literatura
Gaspar; Santos; Danaire; Kuniyoshi; Campi Prearo (2016)	Modelos, anotações, *data mining*, perfil de experts, *blogs*, definição de metadados, classificação de conteúdos, arquivamento de conteúdos, gestão de conhecimento pessoal, telefone fixo, telefone móvel, telefone via internet (*Skype*, outros), videoconferência, salas de bate-papo, mensagens instantâneas, *e-mail*, fóruns de discussão, *groupware*, *wikis*, *workflow*, intranets, extranets, servidores *web* e navegadores, repositório de conhecimentos, portal corporativo da empresa ou de área específica, CBT (treinamento baseado em computadores), WBT (treinamento baseado em tecnologia *web*), EPSS (sistema eletrônico de apoio ao desempenho), sistemas especializados, DSS (sistema de suporte à tomada de decisão), customização/personalização, sistema recomendador (compara coleções de dados e sugere uma lista de recomendações), visualização, mapas de conhecimento, agentes de inteligência, sistema de taxonomia automatizado, análise de conteúdos.	Apoio gerencial, sensoriamento.
Silva, Damian; Santarem Segundo (2016)	*Open Text*, IIBM *Notes*, *Lotus Quickr*, *Wiki*, *MediaWiki*.	*Brainstorming*
Nagano; Vick; Madeira (2017)	*Standard Design Process Form* (SDPF), Diagrama de PIT	Tutoria, reuniões de equipe, encontros técnicos.
Sérgio e Gonçalves (2017)	Redes sociais, *Hangouts* (*Google Meet*).	Planos de carreira, *coaching*, *mentoring*, comunidade de prática, área de gestão do conhecimento/espaços dedicados à socialização do conhecimento, treinamento presencial com instrutores, multiplicadores de conhecimento, *storytelling*, habilidades/conhecimento/processo de mapeamento, repositório de lições aprendidas/melhores práticas, redes de especialistas, conhecimento declarado, estratégia/política de gestão e gestão por competências.
Freitas; Silva; Odorczyk; Duarte Freitas (2018)	Mapeamento de Fluxo de Valor (MFV), Análise de Causa-Raiz (5 porquês).	Ferramenta de busca avançada, gestão de conteúdo, banco de competências, bases de conhecimento e ambientes colaborativos virtuais.

(continua)

Autores	Ferramentas de gestão do conhecimento encontradas na literatura	Práticas de gestão do conhecimento encontradas na literatura
Loureiro; Polezi; Corrêa; Galvão; Siani (2018)	Sistema de gestão de documentos, bases de conhecimento, *blogs*, serviços de redes sociais, serviços de *VOIP* (voz pela internet), *cluster* de conhecimento, localizador de especialistas, espaços de colaboração virtuais, mentor, portal do conhecimento, compartilhamento de vídeo.	Comunidades de prática, *mentoring*, ferramentas de *Web* 2.0, análise de redes, *Question Point* (QP), catalogação coletiva, gestão/serviços de informação, educação, sistemas e tecnologias de informação, apoio à pesquisa, mapeamento de conhecimento, plano de conhecimento.
Macedo; Dantas; Guedes; Cavalcanti (2018)	*WhatsApp*	Assistência de pares, revisões de aprendizado, revisões após a ação ou lições aprendidas, narrativas, espaços físicos de colaboração, café do conhecimento, comunidades de prática, taxonomia, bibliotecas de conhecimento.
Aramuni; Maia; Muylder (2019)	Filosofia ágil	Estratégia declarada de gestão do conhecimento, políticas declaradas de gestão do conhecimento, gestão da inovação, gestão por competências, comunicação corporativa da gestão do conhecimento, *benchmarking* de conhecimentos, centros de inovação, *call center/help desk*/suporte *on-line*, CKO/CKM – (*chief of knowledge management* ou *certified knowledge manager*), gestor de gestão do conhecimento, centro de competências, redes de especialistas, espaços dedicados à socialização de conhecimentos, mapeamento de competências, mapeamento de conhecimentos, planos de carreira, sistema de reconhecimento e recompensa por gestão do conhecimento, *coaching*, *mentoring*, repositório de lições aprendidas, repositório de melhores práticas, comunidades de prática, educação corporativa, treinamentos presenciais com instrutores, multiplicadores de conhecimentos, *story telling* (reprodução de histórias), mapeamento de processos, sistema de avaliação de processos de conhecimento, patentes, propriedade intelectual, banco de conhecimentos, gestão de conteúdos, aplicações específicas para busca de conhecimentos, inteligência competitiva, *business inteligence* – BI (inteligência de negócios), *wikis* internas, *blogs* internos, *twitters* internos, páginas amarelas internas, portal corporativo, biblioteca corporativa/repositório de documentos, reuniões e conferências virtuais, treinamentos virtuais, *e-learning*, universidade corporativa, sumarização de conhecimentos, inventários de conhecimentos.

(continua)

Autores	Ferramentas de gestão do conhecimento encontradas na literatura	Práticas de gestão do conhecimento encontradas na literatura
Castillo; Cazarini (2019)	Mídia social; boletins informativos; eventos; portal corporativo; projetos conjuntos.	Aprendizagem organizacional, comunidade de prática, fóruns, listas de discussão, educação corporativa, narrativas, *benchmarking*, melhores práticas, mapeamento ou auditoria de conhecimento, banco de competências, memória organizacional, gestão do capital intelectual, gestão por competências, base de conhecimentos, mapeamento de processos, normalização e padronização de documentos, Gestão de conteúdo, gestão eletrônica de documentos, metodologias ágeis, método SCRUM, *Wiki* e MPS-BR.
Weersma; Coelho; Shintaku (2019)	*Open Journal Systems* (OJS).	*Brainstorming*
Pereira, Tenório, Menegassi (2020)	*Chat*	Gerenciamento de projetos. Gestão de projetos de pesquisa.
Strik e Molina (2020)	Portais intranet/extranet, Sistemas de *Workflow*, *Key Performance Indicators* (KPI), *Customer Relationship Management* (CRM), Gestão de conteúdo, Data *Warehouse*, *Data Mining*.	*Benchmarking*
Domenico; Favretto; Yamaguchi; Borba (2021)	Boletins internos de informação, *Moodle*, Repositórios institucionais, *YouTube*.	Gestão de compartilhamento, aprendizado informal.
Michiatti; Silva; Carvalho (2021)	Plataformas *on-line*, sistemas colaborativos, sistemas integrados, mapeamento do conhecimento.	*Crowdsourcing*
Aihara; Gaspar; Martins; Marales Vilha (2022)	Grupos de *WhatsApp*, reuniões e conferências virtuais, telefonia móvel, telefonia *VOIP*, extranets, redes sociais, nuvem de informática.	*Storytelling*; protocolos de respostas.
Fernández; García; Oltra; Aumaître (2022)	Sistemas de trabalho em grupo e KM 2.0, intranet e extranet, armazenamento de dados, mineração de dados e OLAP, sistemas de apoio à decisão, sistemas de gestão de conteúdos, sistemas de gestão documental, ferramentas de inteligência artificial, ferramentas de simulação, redes semânticas.	Reuniões, formação de grupos de trabalho, comissões, *The Big6*, programa de competência informacional, *framework*.

(conclusão)

Autores	Ferramentas de gestão do conhecimento encontradas na literatura	Práticas de gestão do conhecimento encontradas na literatura
Fiorini; Almeida; Lazaretti; Dal Forno (2022)	Ambiente Virtual de Aprendizagem (AVA)	Gestão integrada de recursos informacionais, gestão estratégica da informação, gestão do capital intelectual, aprendizagem organizacional, inteligência competitiva, monitoração ambiental, sistemas de informação gerenciais, *balanced scorecard*, memória organizacional, gestão de conteúdo.

Fonte: Elaborado pela autora (2023).

Diante do quantitativo diversificado pelos diversos autores, fez-se necessária a consolidação das ferramentas e práticas de GC ora analisadas, conforme Quadro 12, apresentando, ao final, as que tiveram maior ocorrência entre os autores.

QUADRO 12 – Consolidação das ferramentas e práticas encontradas na literatura brasileira

(continua)

Ferramentas de gestão do conhecimento	Total	Práticas de gestão do conhecimento	Total
Redes sociais	4	Comunidade de prática	6
Wiki	3	Gestão de conteúdo	5
Repositórios	3	*Benchmarking*	4
Portal corporativo	3	*Mentoring*	4
Blogs	3	*Brainstorming*	3
Workflow	2	*Coaching*	3
WhatsApp	2	Educação corporativa	3
Telefonia VOIP	2	Gestão por competências	3
Telefone móvel	2	Mapeamento de conhecimento	3
Sistema de gestão de documentos	2	Mapeamento de processos	3
Portais intranet/extranet	2	Memória Organizacional (MO)	3
Mapeamento do conhecimento	2	Reunião/grupo de trabalho	3
Extranet	2	Aprendizagem organizacional	2
E-mails	2	*Balanced scorecard*	2
Data mining	2	Banco de competências	2
Boletins informativos	2	Base de conhecimentos	2

(conclusão)

Ferramentas de gestão do conhecimento	Total	Práticas de gestão do conhecimento	Total
Ambiente Virtual de Aprendizagem (AVA)	2	Busca avançada de informação e de especialistas	2
		Business inteligence – BI (inteligência de negócios)	2
		Café do conhecimento	2
		Gestão do capital intelectual	2
		Lições aprendidas	2
		Mapeamento de competências	2
		Melhores práticas	2
		Multiplicadores de conhecimento	2
		Narrativas	2
		Planos de carreira	2
		Redes de especialistas	2
		Repositório de lições aprendidas	2
		Repositório de melhores práticas	2
		Storytelling	2
		Treinamento presencial com instrutores	2
		Wikis	2

Fonte: Elaborado pela autora (2023).

Após a consolidação, foi elencado um total de 103 ferramentas identificadas nos artigos. Com vistas a dar ênfase às que mais se destacaram, foram enumeradas as que obtiveram mais de duas ocorrências entre os autores. Assim, redes sociais (4), portal corporativo (3), *blogs* (3), repositórios (3), *Wiki* (3), boletins informativos (2), *WhatsApp* (2), extranets (2), mapeamento do conhecimento (2), portais intranet/extranet (2), sistema de gestão de documentos (2), telefone móvel (2), telefonia VOIP (2) e *workflow* (2). As demais 86 (oitenta e seis) ferramentas que obtiveram apenas uma (1) ocorrência podem ser observadas no Apêndice C.

Diante do exposto, observa-se que, diante das 15 (quinze) ferramentas mais citadas pelos autores, 10 (dez) se referem ao ambiente digital. Com isso, fica evidente que as tecnologias de informação e comunicação possuem papel fundamental no âmbito da gestão do conhecimento, sendo possível observar a forte tendência dos autores em mencionar ferramentas digitais em detrimento das ferramentas físicas, em que "[...] a tecnologia pode expandir o acesso e tornar mais fácil o problema de chegar o conhecimento certo até a pessoa certa no momento certo" (DAVENPORT; PRUSAK, 1998, p. 172).

Considerando a aplicabilidade de alguns termos utilizados para descrever as ferramentas, alguns autores fazem uso de termos de forma mais geral ou similar, como Ribeiro *et al.* (2011), que utilizam o termo "portal"; já os autores Lapa e Rodriguez (2006), Gaspar *et al.*(2016) e Castillo e Cazarini (2019) utilizam o mesmo termo, só que de forma mais específica, como "portal corporativo", e Loureiro *et al.* (2018) aborda o termo "portal do conhecimento". Assim, percebe-se que tratam da mesma ferramenta, porém, com aplicação diferente. No entanto, para respeitar as especificidades adotadas por cada autor, manteve-se a forma original utilizada no texto.

Em se tratando das práticas de GC consideradas pelos autores no Quadro 8, as que mais se destacaram do total de 141 (cento e quarenta e um), foram 32 (trinta e dois), sendo elas: comunidade de prática (6), gestão de conteúdo (5), *mentoring* (4), *benchmarking* (4), *brainstorming* (3), *coaching* (3), educação corporativa (3), gestão por competências (3), mapeamento de conhecimento (3), mapeamento de processos (3), memória organizacional – MO (3), reunião/grupo de trabalho (3), aprendizagem organizacional (2), *balanced scorecard* (2), banco de competências (2), base de conhecimentos (2), busca avançada de informação e de especialistas (2), *business inteligence – BI* (inteligência de negócios) (2), café do conhecimento (2), gestão do capital intelectual (2), lições aprendidas (2), mapeamento de competências (2), melhores práticas (2), multiplicadores de conhecimento (2), narrativas (2), planos de carreira (2), redes de especialistas (2), repositório de lições aprendidas (2), repositório de melhores práticas (2), *storytellin* (2), treinamento presencial com instrutores (2), *Wikis* (2).

Diante do exposto, vale a pena destacar a prática mais citada pelos autores, comunidade de prática, que é foco desta pesquisa por caracterizar o tipo de rede de conhecimento investigada. Lira e Duarte (2020, p. 19) consideram essa prática da seguinte maneira:

> Estratégia de gestão do conhecimento que promove o aprendizado, o compartilhamento e o desenvolvimento de pessoas que se integram em grupo, como meio de uni-las em prol de alavancar o conhecimento individual e coletivo, para incentivar a criação, a inovação e a utilização da informação e do conhecimento nas organizações.

Posto isso, além de oportunizar a construção de elos de confiança entre os envolvidos, as COPS proporcionam um ambiente interativo de aprendizagem com liberdade.

É importante destacar a presença de uma prática pouco conhecida na área da ciência da informação, *balanced scorecard*, considerada uma alternativa diferenciada dos indicadores tradicionais de gestão estratégica, sendo uma das "[...] metodologias mais utilizadas no mundo todo para facilitar a execução do plano" (KAYSER, 2021).

Em relação às 109 (cento e nove) práticas de GC que obtiveram apenas (1) ocorrência, foi elaborado um quadro que pode ser apreciado no Apêndice C.

Um aspecto a ser considerado é em relação à generalização dos termos, aspecto também observado na análise das ferramentas de GC, a exemplo disso, pode-se citar a palavra "Repositório", que de forma mais específica se encontra como: "Repositório de documentos/biblioteca corporativa", "Repositório de lições aprendidas" e "Repositório de melhores práticas".

Ao comparar as duas colunas do Quadro 8, observa-se a falta de consenso entre os autores quanto à diferenciação no que tange ao significado de *ferramenta* e de *prática de GC*.

Salienta-se que, em alguns momentos os termos se repetem, sendo citado tanto no quadro de ferramentas quanto no quadro de práticas. A exemplo disso, podemos usar o termo *blog*, que aparece tanto no quadro de ferramentas quanto no quadro de práticas. E, no entendimento dos autores Baltazar e Aguaded (2005, p. 1, grifos nossos), os *blogs* são vistos como ferramentas que favorecem as redes de conhecimento, destacando um "[...] aspecto interessante deste *instrumento* é precisamente como impulsiona a comunicação entre indivíduos com os mesmos interesses".

Diante disso, evidencia-se a necessidade de um estudo mais aprofundado sobre os termos aplicados pelos autores em seus artigos, no que tange às ferramentas e práticas de GC, que ocasionou dificuldade no entendimento sobre a diferença aplicável de tais termos.

5.2 Caracterização da Rede Bibliocontas como rede de conhecimento

Para a caracterização da Rede Bibliocontas como rede de conhecimento, utilizou-se a pesquisa documental, mediante a extração de informações que dão respaldo para comparação da Rede por meio da relação dos atributos identificados nos artigos resultantes do levantamento bibliográfico voltado para o alcance do primeiro objetivo específico.

O primeiro documento analisado foi o Estatuto,[14] de criação da Bibliocontas. A seguir, será apresentado o parágrafo introdutório do documento e a intenção para o qual foi criado.

> Considerando o valor da *cooperação entre os profissionais de informação e do trabalho em rede* como uma das formas mais eficazes para as administrações dos tribunais *fortalecerem* sua capacidade de atendimento a seus membros e aos cidadãos; considerando a importância do estabelecimento de soluções inteligentes para *compartilhar conhecimentos, experiências e práticas* para os gestores dos tribunais de contas e para melhor atender às suas responsabilidades representativas e de fiscalização;
> Baseando-se nas *experiências e boas práticas dos profissionais de informação* aplicadas em seus órgãos de atuação, dos outros estados brasileiros e de outras regiões do mundo, e *alavancados pelo avanço das tecnologias de informação e de comunicação*;
> Os membros participantes dos Fóruns de Bibliotecários e Arquivistas dos Tribunais de Contas dos Países de Língua Portuguesa e Mercosul decidiram *criar a Rede de Intercâmbio dos Profissionais de Informação dos Tribunais de Contas (BIBLIOCONTAS) para promover a integração e a coordenação entre seus membros.* (INSTITUTO RUI BARBOSA, 2014, grifos nossos)

Partindo da análise do documento, principalmente das palavras colocadas em destaque pela pesquisadora, verifica-se que a Bibliocontas apresenta características de uma rede de conhecimento.

Tal afirmação pode ser confirmada por Tomaél (2008, p. 1), que destaca que "[...] a interação leva ao compartilhamento, impulsiona os fluxos de informação e de conhecimento que são decorrentes do movimento de uma rede e determinados pelos vínculos que se configuram e reconfiguram".

Prosseguindo com as análises documentais, no Quadro 13 serão apresentadas partes principais das duas portarias que tratam, sequencialmente, sobre a inserção da Bibliocontas na estrutura organizacional do IRB e sobre a criação do CCTGIC dos TC.

---

[14] "Estatuto: regulamento ou conjunto de regras de organização e funcionamento de uma coletividade, instituição, órgão, estabelecimento, empresa pública ou privada" (*Dicionário de português Oxford Languages*, 2022. Disponível em: https://languages.oup.com/google-dictionary-pt-en/. Acesso em: 14 dez. 2022).

QUADRO 13 – Relação das portarias relacionadas à Rede Bibliocontas

Portarias	Dispositivo	Aspectos
Portaria nº 20, de 26.9.2014.	Dispõe sobre a inserção do Grupo Bibliocontas na Gestão de Pesquisa que integra a Estrutura Organizacional do Instituto Rui Barbosa – IRB.	"*Art. 1º* Inserir o Grupo BIBLIOCONTAS, composto por bibliotecários e arquivistas representantes dos Tribunais de Contas, na Gestão de Pesquisa a qual integra a Estrutura Organizacional do Instituto Rui Barbosa – IRB".
Portaria IRB nº 11, de 16.5.2019.	Dispõe sobre a criação do Comitê Técnico de Gestão da informação dos Tribunais de Contas do Brasil e dá outras providências.	"*Art. 2º* Definir como objetivos gerais do Comitê Técnico de Gestão da informação dos Tribunais de Contas do Brasil: [...] *V – promover o intercâmbio de informações, conhecimentos e boas práticas* entre as Unidades de informação dos Tribunais de Contas; *VI – fortalecer a cooperação* entre os serviços de informação, pesquisa e documentação, com vistas a apoiar as atividades de controle externo; [...]. *Art. 3º* [...] *V –* Desenvolver, organizar e gerenciar o *Fórum BIBLIOCONTAS. O Fórum BIBLIOCONTAS consiste em uma rede de cooperação e intercâmbio* dos profissionais de informação (Bibliotecários, Arquivistas e Gestores da informação), atuantes em Unidades de informação dos Tribunais de Contas e órgãos afins dos países de Língua Portuguesa e do Mercosul".

Fonte: IRB, adaptado pela autora (2022).

Tomaél (2008, 37-38) elucida a importância das redes de conhecimento:

> Destaca a importância dos resultados individuais, por meio da espontaneidade e da informalidade; – Movimentam-se pelo compartilhamento da informação e pela construção do conhecimento; – Desenvolvem uma cultura comum, desde a linguagem até a adoção de práticas coerentes com o trabalho e principalmente uma cultura de cooperação; – Impulsionam as organizações e promovem a inovação; – Congregam a participação de atores individuais e/ou organizacionais nas redes; – Podem ser formais – quando os relacionamentos entre os atores ocorrem devido à iniciativa organizacional; – Podem ser informais – quando os relacionamentos acontecem e não são planejados; – Possibilitam o desenvolvimento de novas ideias e processos, decorrentes da conversação e troca de informações; – Fortalecem as bases individuais e coletivas de certa habilidade; – Reúnem transeuntes que se interessam em compartilhar sua especialidade; – Configuram-se e se reconfiguram incessantemente, não possuem limites.

Na visualização das informações colhidas e destacadas, podem-se constatar diversos papéis que a Rede Bibliocontas deve executar, caracterizando-a, assim, como uma rede de conhecimento.

Com vistas a dar continuidade na análise dos documentos da Rede Bibliocontas, os próximos foram elaborados e gerados nos fóruns, que acontecem bienalmente, a saber, as cartas-compromisso, os protocolos de intenções[15] e os relatórios finais. Desse modo, foi elaborada uma linha do tempo, conforme Figura 16, com o intuito de visualizar, de forma geral, a trajetória de cada fórum.

FIGURA 16 – Linha do tempo dos Fóruns Bibliocontas entre 2003 e 2022

2003	2005	2008	2010	2012
I FÓRUM	II FÓRUM	III FÓRUM	IV FÓRUM	V FÓRUM
Realização: TCE/PE (Recife)	Realização: TCE/RS (Porto Alegre)	Realização: TCE/PE (Recife)	Realização: TCM/RJ (Rio de Janeiro)	Realização: TCE/SC (Florianópolis)

2014	2016	2018	2020	2022
VI FÓRUM	VII FÓRUM	VIII FÓRUM	IX FÓRUM	X FÓRUM
Realização: TCE/BA (Salvador)	Realização: TC/DF (Brasília)	Realização: TCE/CE (Ceará)	Realização: TCE/PR (Curitiba)	Realização: TCE/RJ (Rio de Janeiro)

Fonte: Elaborado pela autora (2022).

Tendo em vista que já foi exposta uma breve ordem de acontecimento dos fóruns, desde o seu surgimento, a seguir, será detalhado cada um, com ênfase aos aspectos relevantes voltados para a GC.

No Quadro 14, são apresentados os tipos documentais analisados, referentes à Rede Bibliocontas.

---

15 "Protocolo de intenções: instrumento relativo à cooperação entre órgãos firmado previamente à celebração de acordo. Contempla intenções almejadas no âmbito da cooperação pactuada cuja articulação ainda não evoluiu para atribuições plenamente definidas em acordo. A celebração de protocolo de intenções previamente à assinatura de acordo deve ser efetivada, quando couber, em função das necessidades detectadas ao longo das tratativas acerca da cooperação" (Disponível em: https://contratos.ufes.br/resposta2-2-1. Acesso em: 13 jan. 2023).

QUADRO 14 – Relação de documentos elaborados nos fóruns

Documentos elaborados nos fóruns	Aspecto a ser analisado
Carta-compromisso Protocolo de intenções Relatório final	Iniciativas voltadas para adoção de ferramentas e práticas de GC.

Fonte: Elaborado pela autora (2023).

O *primeiro Fórum* Nacional de Bibliotecários dos Tribunais de Contas foi idealizado e realizado no TC de Pernambuco, nos dias 27 a 29.10.2003, com a proposta de *cooperação, integração* e *compartilhamento de experiências* entre os profissionais da área da informação atuantes nos TC.

Ao final do evento, foi elaborada a carta-compromisso, a qual enfatizava maior *participação dos profissionais nos eventos* dos TC; promoção de *eventos* nas bibliotecas; participação efetiva na *lista de discussão* criada durante o evento, *divulgando informações* diversificadas de serviços, projetos, eventos, lançamentos de publicações, entre outros, e a *promoção, conscientização, motivação e capacitação* dos membros da equipe das unidades de informação.

No protocolo de intenções, elaborado após o fórum, foram relacionados os principais itens apreciados e discutidos no evento, que visam ao aperfeiçoamento dos TC, entre eles: *realizar conjuntamente* o Fórum Nacional de Bibliotecários com o Congresso dos Tribunais de Contas; *disponibilizar* os catálogos automatizados na internet, assim como a base de dados de jurisprudência de todos os TC; viabilizar a *criação da home page da Bibliocontas*; criar uma *rede cooperativa* de comunicação das unidades de informação através de uma *lista de discussão na internet*, e *criar espaço* no(s) meio(s) de comunicação próprio(s) do(s) TC, como incentivo à publicação de artigos da/sobre as bibliotecas.

O relatório final apresenta um panorama do evento, destacando:

> O Fórum constituiu-se como um *elemento de integração, reunindo os bibliotecários* dos vários Tribunais de Contas do país e de instituições do segmento jurídico do Estado, para discutir suas realidades – semelhantes e distintas, *criar mecanismos de cooperação de informações*, nos mais variados âmbitos e, estabelecer metas e compromissos para às Unidades de Informação, em comum acordo com as realidades de cada uma. (FÓRUM NACIONAL DE BIBLIOTECÁRIOS DOS TRIBUNAIS DE CONTAS, 2003c)

Vale ressaltar um ponto importante quanto à concepção maior do fórum, segundo o relatório final, que teve como base, única e exclusivamente, o fato de os bibliotecários e gestores das unidades de informações dos TC não se conhecerem, sendo esta uma oportunidade de gerarem *networks*, sendo assim, *cooperar e integrar* foram as molas propulsoras do I Fórum Nacional dos Bibliotecários dos TC.

O *segundo Fórum* Nacional de Bibliotecários dos Tribunais de Contas foi realizado em Porto Alegre, de 25 a 27.10.2005 e trouxe como tema: bibliotecas do Sistema Tribunais de Contas: fronteiras de ação, com a proposta de *cooperação, integração* e *compartilhamento de experiências* entre os profissionais da área da informação atuantes nos TC.

É importante ressaltar que uma das propostas sugeridas no protocolo de intenções do primeiro fórum foi atendida e implementada no segundo – a criação de uma *rede cooperativa*, surgindo, assim, a Rede Bibliocontas.

Retomando a análise documental, a carta-compromisso enfatizou, novamente, a viabilização da *criação e hospedagem da homepage da Bibliocontas.*

Outras ações também foram acordadas, como: a *intensificação do uso da Bibliocontas para intercâmbio de informações; cadastro provisório de e-mails particulares* fortalecendo a comunicação; a *elaboração de guia das Bibliotecas dos Tribunais de Contas,* com dados relativos a contato, acervo e serviços prestados, para ser inserido na futura *homepage da Bibliocontas;* a *divulgação de informações* sobre o II Fórum junto aos TC, por meio de *revistas, boletins, intranet, internet* e junto às assessorias de imprensa e comunicação social; e efetuar contatos dentro de cada TC, visando à viabilização da *hospedagem da Biblioteca Virtual* (Bibliocontas Virtual).

No protocolo de intenções, entre as sugestões, foi recomendado para o III Fórum, novamente, *a integração* com o Congresso dos Tribunais de Contas do Brasil, cumprindo intenção, originalmente, firmada no I Fórum, o qual tem como propósito aproximar os servidores de áreas distintas, porém, com interesse mútuo.

Outras intenções também foram firmadas, como: a apresentação de um *trabalho coletivo com a consolidação das informações relativas* às *atividades desenvolvidas pelas unidades de informação dos TC* para ser apresentado no próximo Congresso dos Tribunais de Contas do Brasil; a *criação da logomarca da Bibliocontas;* a *preservação* da memória institucional (patrimônio material e imaterial) dos TC; a *criação da Biblioteca Virtual* dos Tribunais de Contas do Brasil (*Bibliocontas Virtual*) e a efetivação de outras formas de *divulgação digital e intercâmbio de informações.*

O relatório final apresentou o detalhamento dos conteúdos abordados na programação do evento, bem como os compromissos e ações firmados na carta-compromisso e no protocolo de intenção. Destaca-se que o evento foi consolidado e considerado um espaço de cooperação entre os profissionais das bibliotecas.

O *terceiro Fórum* foi realizado pela segunda vez no Tribunal de Contas de Pernambuco, nos dias 4 e 5.6.2008, na cidade do Recife, abordando a temática "Bibliotecas e Arquivos: TCE do conhecimento sem fronteiras". O evento em destaque não gerou carta-compromisso, apenas o protocolo de intenções e relatório final.

Vale ressaltar um ponto observado na linha do tempo, que diz respeito ao espaço de tempo entre os fóruns, previstos para ocorrer a cada dois anos. Observa-se entre o segundo e o terceiro fórum ocorreram em um espaço temporal de três anos, fugindo, assim, da regra de bienalidade.

O fórum teve como objetivos *apresentar e discutir as realidades vivenciadas* em cada TC, *fortalecer os mecanismos de cooperação de informações* nos mais variados âmbitos e estabelecer metas e compromissos para as bibliotecas e arquivos, em comum acordo com as realidades de cada um.

E, como foco principal, teve a *integração e participação* dos arquivistas, em que, na oportunidade, entre as diversas deliberações, foi realizada a alteração da denominação do evento para Fórum Nacional de Bibliotecários e Arquivistas dos TC, *integrando*, assim, mais uma categoria de profissionais da área de informação.

O protocolo de intenções, de forma geral, buscou *intensificar o uso da Bibliocontas para intercâmbio de informações*, enfatizando-a como ferramenta *principal de compartilhamento, de troca de experiências e de comunicação, integrando as experiências* e os desafios semelhantes entre seus usuários.

Designa, também, a *criação do Portal Bibliocontas*, e a abrangência do grupo para incluir as unidades de informação das instituições do Mercosul, entre outros.

O relatório final, além de relatar as discussões acerca das realidades vivenciadas pelos profissionais da informação em seus contextos, constatou um aumento significativo de participantes, o que *fortalece a integração e cooperação entre esses profissionais*.

O *quarto Fórum* Nacional de Bibliotecários e Arquivistas dos Tribunais de Contas foi realizado pelo Tribunal de Contas do Município do Rio de Janeiro, entre os dias 29 de setembro e 1º.10.2010, tendo como tema *"Compartilhando informações*: um olhar para o controle externo".

Essa edição tinha como objetivo a *realização de mais um evento em modalidade presencial* da Bibliocontas, com o *intuito de discutir temas que circundam o fazer laboral* dos profissionais da informação dos TC.

Como parte do registro das sugestões feitas durante as atividades do fórum para ações posteriores a serem adotadas, foram formulados três documentos oriundos desse evento, a carta-compromisso, o protocolo de intenções e o relatório final.

Tanto na carta-compromisso quanto no protocolo de intenções, observa-se a proposição do *termo de cooperação técnica* para a *implantação oficial da Rede Bibliocontas*, a ser firmado no fórum de 2012, em Florianópolis.

Outro ponto que precisa ser destacado é o incentivo à *adoção de ferramentas e práticas de gestão do conhecimento*, como *software* de gerenciamento de bibliotecas, ferramentas de comunicação e mídias sociais, e gestão documental.

O relatório final apresentou um apanhado sobre o fórum, enfatizando a *importância do intercâmbio de informações* entre os representantes das bibliotecas e arquivos dos TC que estiveram presentes, visando a um melhor desempenho na atividade de controle externo, além de sugerir o aprimoramento do *uso das tecnologias de informação* nas unidades de informação.

O *quinto Fórum* Nacional de Bibliotecários e Arquivistas dos Tribunais de Contas foi realizado pelo Tribunal de Contas de Santa Catarina, em Florianópolis, no ano de 2012. Teve como tema central "Profissionais da informação: qual o nosso papel nos Tribunais de Contas?".

O único documento que registra as propostas dessa edição é a carta-compromisso, que apresenta pontos já trabalhados na quarta edição do Fórum Bibliocontas, com acréscimo de ações, a exemplo: a sugestão para *criação de um portal de controle público* para a *preservação* e *disponibilização de informações* sobre a Bibliocontas.

Já o *sexto Fórum* Nacional de Bibliotecários e Arquivistas dos Tribunais de Contas, realizado em Salvador, entre 30 de setembro e 3.10.2014, pelo Tribunal de Contas da Bahia (ver Imagem 1), trouxe debates que circundam assuntos emergentes da era da informação, corroborado por meio da temática dessa edição: "Cooperação na *web* 2.0".

IMAGEM 1 – Painel sobre a política da Bibliocontas, 2014

Fonte: TCE/BA (2014).

Em sua carta-compromisso, destaca-se a proposta de *elaboração da missão e de estratégias para a Bibliocontas*, além da viabilização da *adoção do Tesauro de Contas Nacional* como instrumento de indexação da jurisprudência dos Tribunais de Contas por intermédio do Instituto Rui Barbosa (IRB).

A *sétima edição do Fórum* Nacional de Bibliotecários e Arquivistas dos Tribunais de Contas foi realizada pelo Tribunal de Contas do Distrito Federal, em Brasília, entre os dias 27 e 29.9.2016.

O evento tinha como ponto-chave discussões sobre a *implementação de tecnologias de informação*, fato esse exemplificado sob o tema "Sistema de gestão da informação: modelos e aplicações".

Destaca-se, na Imagem 2, a logomarca oficial do Fórum Bibliocontas, que começou a ser confeccionada a partir desta edição do fórum, resultado de solicitações de outros fóruns.

IMAGEM 2 – Logo oficial do Fórum Bibliocontas

Fonte: Instituto Rui Barbosa (2023).

Na carta-compromisso, fixaram-se algumas ações, das quais se destaca a *criação dos comitês temáticos*, tendo como intenção a viabilização na elaboração dos planos de ações para a concretização dos compromissos firmados nas edições dos fóruns, e também, *a posteriori*.

Com o tema: "Rede de Conhecimento: ambientes colaborativos informacionais", *o oitavo Fórum* Nacional de Bibliotecários e Arquivistas dos Tribunais de Contas foi realizado na cidade de Fortaleza, pelo Tribunal de Contas do Ceará, entre os dias 20 e 21.9.2018.

Na carta-compromisso, o principal ponto firmado foi o estímulo à *publicação de trabalhos produzidos pelo Grupo Bibliocontas*, com destaque, também, para o incentivo à *utilização de Sistemas Informatizados* de Gestão Arquivística de Documentos – SIGADs, conforme o normativo, e ARQ-Brasil para a gestão de documentos.

Na Imagem 3, destaca-se o momento da palestra sobre o Tesauro de Contas Nacional (TCN), proferida pela bibliotecária Carolina Santos Caruso (TCE/DF).

IMAGEM 3 – Palestra sobre o TCN

Fonte: TCE/CE (2018).

A edição do fórum também contou com a participação de profissionais de países como Angola, Moçambique e Paraguai, evidenciando o caráter cooperativo e de transposição de fronteiras da Rede Bibliocontas.

O *nono Fórum* Nacional de Bibliotecários e Arquivistas dos Tribunais de Contas foi realizado em modalidade virtual, em decorrência da pandemia do SARS-CoV-2, e organizado pelo Tribunal de Contas do Paraná, por meio da plataforma *Microsoft Teams*, com transmissão *on-line* no *YouTube*.

O evento aconteceu entre os dias 19 e 20.10.2020, como pode ser visualizado no cartaz de divulgação, na Imagem 4.

IMAGEM 4 – Cartaz do IX Fórum publicado no *YouTube*

Fonte: Canal no *YouTube* da Escola de Gestão Pública do TCE/PR (2020).

Destarte, na carta-compromisso, foram firmados alguns compromissos, entre eles está a consolidação do *canal oficial de intercâmbio bibliográfico* entre os bibliotecários e arquivistas, através da Sala Virtual Fórum Bibliocontas, disponibilizada pelo IRB.

O *décimo Fórum* Nacional de Bibliotecários e Arquivistas dos Tribunais de Contas, realizado novamente na cidade do Rio de Janeiro, entre os dias 18 e 19.8.2022, promovido pela Escola de Contas do TCE/RJ, teve como tema: "Perspectivas e desafios da *gestão da informação e do conhecimento* no contexto pós-pandemia". Na Imagem 5, pode-se visualizar o cartaz de divulgação do evento.

IMAGEM 5 – Cartaz do X Fórum publicado no *YouTube*

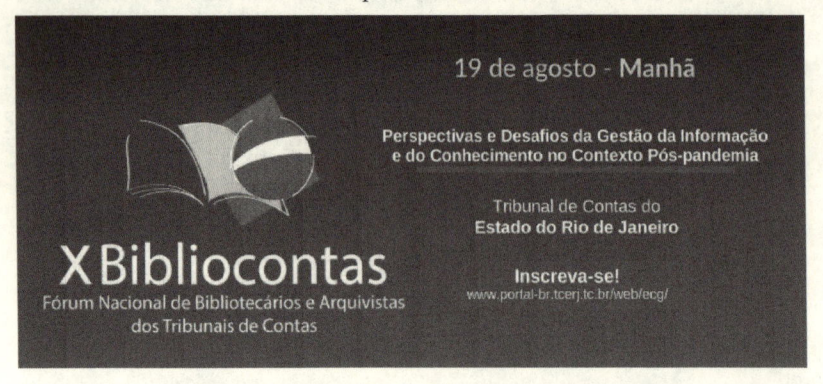

Fonte: Canal no *YouTube* do TCE/RJ (2022).

Nas Imagem 6, estão registrados alguns momentos do X Fórum, destacando-se a participação da coordenadora do CTGI, a bibliotecária Michele Rodrigues Dias.

IMAGEM 6 – X Fórum Bibliocontas

Fonte: Arquivo pessoal (2022).

Um aspecto importante, que merece amplo destaque, foi a iniciativa voltada para a *colaboração nos processos de gestão da informação,* propostos nessa edição do evento, a exemplo, a *assinatura compartilhada de bibliotecas digitais*, bem como o fomento à *criação das bibliotecas digitais e repositórios digitais de dados abertos* de pesquisas dos TC, que visa à *preservação da memória técnica e institucional dos TC*.

Diante da análise documental realizada, percebe-se que a Rede Bibliocontas, desde sua criação até o momento, caracteriza-se como uma rede de conhecimento, uma vez que seus objetivos e intenções estão sempre voltados a fortalecer os vínculos entre os profissionais da informação atuantes nos TC, por meio de suas interações, cooperação, promovendo o intercâmbio de informações, conhecimentos e boas práticas.

Diante disso, percebe-se que há convergência, de acordo com a afirmativa de Tomaél (2008, p. 4) de que, "[...] em um contexto de rede, criar e compartilhar conhecimento requer a adoção de técnicas de trabalho de colaboração e o estabelecimento de relacionamentos de confiança entre os atores".

Vale a pena chamar a atenção para uma das propostas do quarto fórum, que foi o incentivo à *adoção de ferramentas e práticas de gestão do conhecimento*, como *software* de gerenciamento de bibliotecas, ferramentas de comunicação e mídias sociais, e gestão documental. Salienta-se que trata da mesma problemática identificada nesta pesquisa, e que devido a isso gerou o objetivo geral, que visa sanar esta lacuna.

Outrossim, como resultado desse estudo mais aprofundado, uma análise complementar foi elaborada sobre as propostas, elencando as que já foram alcançadas, como, também, as que ainda não foram, gerando uma *checklist*, a qual permitirá a elaboração de um relatório que pode ser utilizado como plano estratégico para as futuras ações, podendo ser observada a seguir, no Quadro 15.

Para fins de ilustração das categorias atribuídas ao Quadro 15, foram utilizadas cores para distinguir cada etapa. Ver legenda a seguir.

CATEGORIAS
Sugestão
Em consolidação
Ação contínua
Concluída

Segue descrição das categorias: *Sugestão* refere-se às ações propostas nas edições dos fóruns; *Em consolidação* indica que determinada ação proposta anteriormente está sendo implementada pela rede; *Ação contínua* corresponde às ações que precisam sempre ser retomadas a fim de que os objetivos da rede sejam alcançados; e *Concluída* especifica as ações alcançadas.

QUADRO 15 – Quadro de acompanhamento das ações sugeridas nos fóruns

(continua)

Ações de gestão do conhecimento	I Fórum (2003)	II Fórum (2005)	III Fórum (2008)	IV Fórum (2010)	V Fórum (2012)	VI Fórum (2014)	VII Fórum (2016)	VIII Fórum (2018)	IX Fórum (2020)	X Fórum (2022)
Marketing institucional e pessoal	■		▨							
Lista de discussão[16]		■								
Vocabulário controlado do Senado Federal	■	▨								
Catálogos automatizados na internet	■									
Base de dados de jurisprudência dos Tribunais de Contas	■									
Homepage da Bibliocontas (Portal)			■	▨						
Rede cooperativa de comunicação das unidades de informação			■							
Envio de material relativo à implantação de programas de qualidade total, como regimentos, regulamentos e manuais de serviço			■							
Intercâmbio de informações através da Bibliocontas			■							

---

[16] Atualmente, essa ferramenta encontra-se obsoleta, devido à perda de credenciais de acesso.

(continua)

Ações de gestão do conhecimento	I Fórum (2003)	II Fórum (2005)	III Fórum (2008)	IV Fórum (2010)	V Fórum (2012)	VI Fórum (2014)	VII Fórum (2016)	VIII Fórum (2018)	IX Fórum (2020)	X Fórum (2022)
Revisão de vocabulário controlado das bibliotecas, tendo como base o Vocabulário Controlado do Senado Federal		■								
Preservação da memória institucional (patrimônio material e imaterial)		■	■					■	■	■
Biblioteca Virtual dos Tribunais de Contas do Brasil (Bibliocontas Virtual)			■							
Aquisição de Sistema de Gerenciamento de Acervos para Bibliotecas, Arquivos e Centros de Memória			■							
Termo de cooperação técnica para a implantação oficial da Rede Bibliocontas – Grupo de Profissionais de Informação dos Arquivos, Bibliotecas e Centros de Memória dos Tribunais de Contas				■						
Ferramentas de comunicação para a Bibliocontas, como *Google Talk, Skype, Twitter, blog* e outras				■						

(continua)

Ações de gestão do conhecimento	I Fórum (2003)	II Fórum (2005)	III Fórum (2008)	IV Fórum (2010)	V Fórum (2012)	VI Fórum (2014)	VII Fórum (2016)	VIII Fórum (2018)	IX Fórum (2020)	X Fórum (2022)
Participação conjunta de profissionais nos fóruns Bibliocontas				■						
Preservação da memória do Fórum Bibliocontas					■	■	■	■	■	
Programas de gestão de documentos				■	■	■	■	■		
Grupo de estudos para a implementação de um *software* agregador de informações bibliográficas dos Tribunais de Contas do Brasil					■					
Indexação da jurisprudência dos Tribunais de Contas						■	■	■	■	■
Estatuto da Bibliocontas					■					
Tesauro de Contas Nacional (TCN)						■		■	■	■
Estimular a participação de bibliotecários nos eventos do grupo JURISTCs						■	■		■	■
Missão, visão, estratégias e estatuto da Bibliocontas						■	■	■		
Sistemas Informatizados de Gestão Arquivística de Documentos – SIGAD							■	■		■
Repositório Arquivístico Digital Confiável (RDC-Arg)							■	■		■

(conclusão)

Ações de gestão do conhecimento	I Fórum (2003)	II Fórum (2005)	III Fórum (2008)	IV Fórum (2010)	V Fórum (2012)	VI Fórum (2014)	VII Fórum (2016)	VIII Fórum (2018)	IX Fórum (2020)	X Fórum (2022)
Inclusão de bibliotecas, arquivos e centros de memória na avaliação da qualidade e agilidade do controle externo							■			■
Publicação de trabalhos para estímulo ao compartilhamento do conhecimento e das melhores práticas							■	■	■	
Cooperação entre as unidades de informação dos Tribunais de Contas							■	■	■	■
Página permanente do grupo Bibliocontas no sítio do IRB							■			
Comitês temáticos							■			
Tesauro de Contas Nacional (TCN) como ferramenta de padronização terminológica da jurisprudência, dos atos normativos e do material bibliográfico									■	■
Sala Virtual Fórum Bibliocontas									■	

Fonte: Elaborado pela autora (2023).

Em análise ao Quadro 15, observa-se que das 35 (trinta e cinco) ações voltadas para a gestão do conhecimento, identificadas tanto nas cartas-compromisso quanto nos protocolos de intenções, apenas nove foram concluídas. Tal fato pode ser identificado devido à falta de planejamento em preparação a ações futuras elaboradas na carta-compromisso, feita ao término de cada fórum.

Outrossim, diante do levantamento apresentado de todos os fóruns, ressalto a importância de enfatizar uma das sugestões realizadas no quarto fórum, que é criar ferramentas que melhorem a comunicação entre os membros da Bibliocontas, como *Google Talk*, *Skype*, *Twitter*, *blog* e outras.

5.3 Percepção dos profissionais da informação atuantes nos TC

Nesta seção, são apresentados os resultados dos 20 (vinte) questionários aplicados com os profissionais da informação atuantes em bibliotecas, arquivos e centros de memória dos Tribunais de Contas do Brasil, que pretenderam investigar o comportamento de busca e uso da informação desses profissionais, bem como ferramentas e práticas de gestão do conhecimento que estão sendo adotadas na Rede Bibliocontas.

A amostra esperada era de, pelo menos, um representante de cada um dos 33 TC, salvo os do Acre, Amapá e Amazonas, que não apresentam em seu quadro funcional profissionais da informação, o que resultaria em 30 profissionais.

Adentrando às perguntas do questionário, após a leitura do termo de consentimento, os participantes responderam se concordavam em participar da pesquisa. A totalidade dos informantes concordou em prosseguir respondendo o questionário, isso evidencia um interesse em contribuir com o estudo e, consequentemente, a melhoria dos serviços prestados pela Bibliocontas.

Dando continuidade ao questionário, este foi separado em blocos, em que o primeiro tratou da caracterização dos informantes; o segundo, do comportamento de busca e uso da informação por parte dos profissionais da informação; e o terceiro, sobre a GIC utilizada na Rede Bibliocontas.

Salienta-se que o questionário considerou a espiral do conhecimento, de Nonaka e Takeuchi (2004), em que foi realizada uma justaposição deste com a realidade estudada.

5.3.1 Caracterização dos informantes

No tocante à caracterização dos informantes, foram consideradas as seguintes variáveis: sexo, faixa etária, cor ou raça/etnia, formação profissional, grau de instrução, vinculação do participante e a área em que atua no âmbito dos TC.

O Gráfico 1 apresenta o percentual dos informantes por sexo.

GRÁFICO 1 – Sexo dos participantes

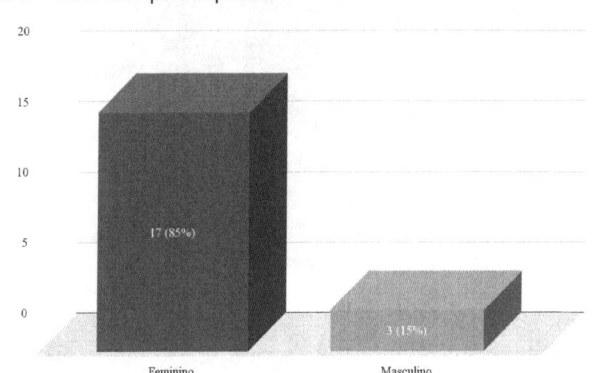

Fonte: Dados da pesquisa (2022).

Em análise ao Gráfico 1, constatou-se maior predominância de profissionais do sexo feminino, correspondendo a 85% dos informantes, enquanto 15% são do sexo masculino. Esse resultado reflete e é coerente com a preponderância feminina nas décimas edições dos fóruns.

Corroborando isso, o VIII Encontro Nacional dos Tribunais de Contas (VIII ENTC), que foi realizado na cidade do Rio de Janeiro, em 2022, contou com a oficina "Igualdade de Gênero no Sistema Tribunais de Contas". No momento, a presidente do Tribunal de Contas do Estado do Piauí (TCE-PI), Lilian Martins, palestrou sobre "Mulher, poder e sociedade". A conselheira presidente apresentou dados referentes ao cenário da participação feminina no TCE-PI: "entre servidores efetivos e comissionados, quase 49% são mulheres",[17] apresentando números relevantes. Os dados apresentados demonstram um aumento

---

[17] *Site* da Associação dos membros dos Tribunais de Contas do Brasil (Atricon) (Disponível em: https://atricon.org.br/viii-entc-conta-com-palestra-sobre-igualdade-de-genero/. Acesso em: 24 jan. 2023).

significativo das mulheres em busca de seus direitos e participação em espaços, antes, majoritariamente masculinos.

O Gráfico 2 revela o percentual referente à faixa etária dos participantes da pesquisa.

GRÁFICO 2 – Faixa etária dos participantes

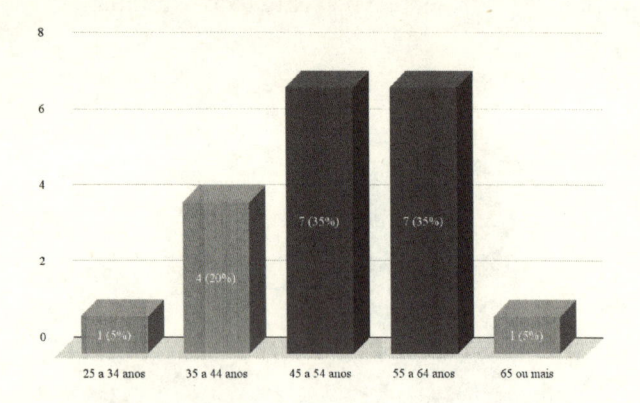

Fonte: Dados da pesquisa (2022).

Em análise ao Gráfico 2, constatou-se que a maior faixa etária está compreendida entre 45 e 54 anos e de 45 a 64 anos, correspondendo a 35% cada, totalizando 70% dos informantes. Em seguida, vem a faixa etária entre 35 e 44 anos, com percentual de 20%, e as demais, que se situam entre 25 e 34 e mais de 65 anos, com percentual de 1% cada, revelando maior predominância de adultos e pessoas de meia-idade.

Um fato a ser destacado é a baixa porcentagem de jovens, o que pode levar a constatar um baixo índice de realização de concursos públicos e reajustamento de orçamento para ampliar o quadro de funcionários efetivos, suprido com cargos comissionados. Por outro lado, pode ser percebido como política de incentivo à valorização para pessoas mais experientes que desejam continuar no exercício de suas atividades ocupacionais.

Ainda sobre as características dos informantes, o Gráfico 3 é relativo à cor ou raça/etnia:

GRÁFICO 3 – Cor ou raça/etnia

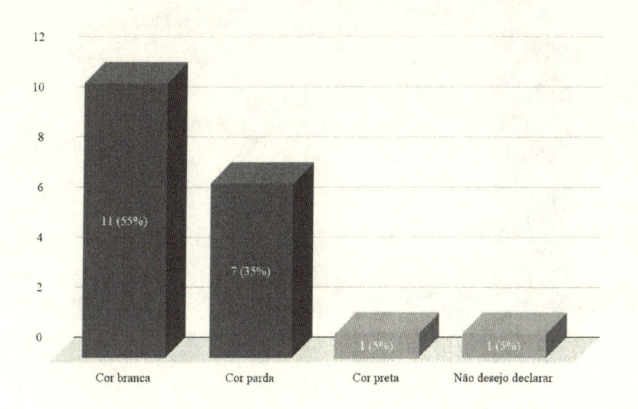

Fonte: Dados da pesquisa (2022).

Por meio do Gráfico 3, foi possível identificar a predominância da cor branca nos profissionais, perfazendo um total de 55%, já a cor parda corresponde a 35%, seguida de 1% da cor negra e outros 1% não quiseram declarar. É sabido que essa disparidade existe no mercado de trabalho de forma geral, o que fica mais visível quando é feito um estudo que se quantifique isso. Como exemplo, a revista *Folha de S.Paulo* publicou dados no ano de 2020, que apontam que "negros são minoria no serviço público federal e ocupam apenas 15% de cargos mais altos" (FOLHA DE S. PAULO, 2000).[18]

É relevante destacar que, mesmo com a promulgação da Lei nº 12.990, de 9.6.2014, "[...] que reserva aos negros 20% das vagas oferecidas nos concursos públicos para provimento de cargos efetivos e empregos públicos', essa realidade de minoria ainda continua (BRASIL, 2014).

No Gráfico 4 são apresentados os dados sobre a formação profissional dos informantes.

---

[18] *Site* da *Folha de São Paulo* (Disponível em: https://bityli.com/aB5ZN. Acesso em: 25 jan. 2023).

GRÁFICO 4 – Formação profissional

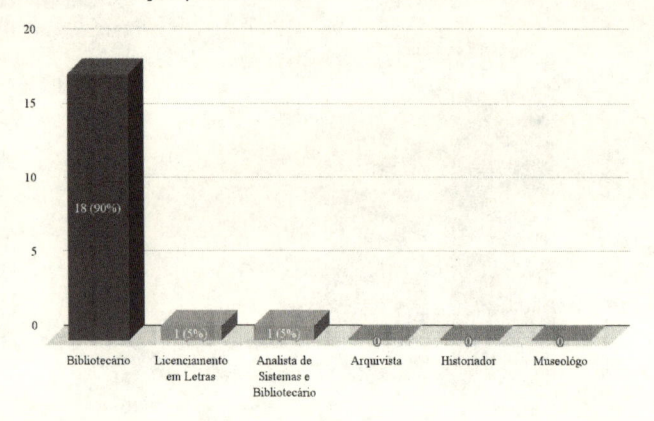

Fonte: Dados da pesquisa (2022).

Ao analisar as informações do Gráfico 4, observou-se que a maioria dos respondentes possui formação em Biblioteconomia, correspondendo a 90%, seguida de 1% com licenciatura em Letras e outros 1% possuem formação em Sistema de Informação, além de Biblioteconomia.

É interessante destacar que as formações em História, Museologia e Arquivística não foram assinaladas. No entanto, registram-se profissionais dessa área nos TC, conforme observação realizada pela pesquisadora nos últimos fóruns, o que evidencia que os respondentes não representam a totalidade dos profissionais que se busca conhecer com esta pesquisa. No Gráfico 5, foi solicitado que indicassem o grau de instrução.

GRÁFICO 5 – Grau de instrução

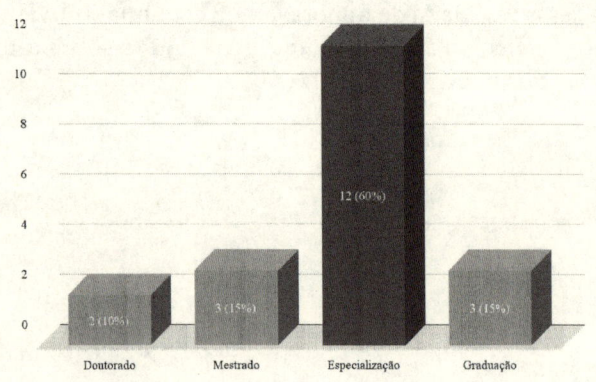

Fonte: Dados da pesquisa (2022).

Como resultado, o Gráfico 5 constatou que 60% dos informantes possuem especialização, 15% possuem mestrado, 15% têm somente a graduação e, os outros 10%, são doutores. Diante disso, percebe-se que os informantes têm buscado qualificação e educação continuada, diante do quantitativo considerado de especialistas. Porém, é interessante observar que é sempre positivo estar em constante atualização, investindo mais em cursos de mestrado e de doutorado, principalmente, por estar em uma posição de profissional servidor em uma instituição.

Buscar desenvolver e aperfeiçoar habilidades suficientes e necessárias para lidar com esta gama informacional e manter-se atuante no mercado de trabalho altamente competitivo "[...] será visto positivamente, de forma que estará inovando suas formas de atuação e incorporando novas práticas para o seu universo de trabalho" (ALVES; OLIVEIRA, 2016, p. 78).

O Quadro 16 buscou identificar a qual TC o informante é vinculado, bem como explicitar a quantidade de respondentes em cada um.

QUADRO 16 – Relação dos TC dos informantes

Você é vinculado(a) à qual Tribunal de Contas (TCs)?	Respondentes
TC do Município de São Paulo	3
TCE do Paraná	2
TCE do Distrito Federal	2
TCE do Rio Grande do Sul	1
TCE do Rio Grande do Norte	1
TCE do Rio de Janeiro	1
TCE do Mato Grosso do Sul	1
TCE do Espírito Santo	1
TCE do Acre	1
TCE de Santa Catarina	1
TCE de Rondônia	1
TCE de Pernambuco	1
TCE de Minas Gerais	1
TCE da Bahia	1
TCE da Paraíba	1
TC da União	1

Fonte: Dados da pesquisa (2022).

Por meio das informações do Quadro 16, foi possível identificar o TC de cada informante, a saber, TCE do Distrito Federal (2), TCE da Bahia (1), TCE da Paraíba (1), TCE do Mato Grosso do Sul (1), TCE de Minas Gerais (1), TCE de Pernambuco (1), TCE de Rondônia (1), TCE de Santa Catarina (1), TCE do Acre (1), TCE do Espírito Santo (1), TCE do Paraná (2), TCE do Rio de Janeiro (1), TCE do Rio Grande do Norte (1), TCE do Rio Grande do Sul (1), TC do Município de São Paulo (3) e TC da União (1), totalizando 16 TC representados. Ante o exposto, os TC que tiveram maior representatividade foram o TC do Município de São Paulo, com 3 respondentes, o TC do Estado do Paraná, com 2, e o do Distrito Federal, também com 2.

De uma forma geral, a quantidade atingida ficou abaixo do esperado, uma vez que, do total de *e-mails* enviados aos 30 TC, somente 16 tiveram representatividade, consumando-se em 53%. Presume-se que o fato ocorreu devido ao desinteresse e disponibilidade em responder ao questionário.

Dando continuidade, na sequência, o Gráfico 6 apresenta a área em que o profissional atua no TC com o qual possui vínculo.

GRÁFICO 6 – Área profissional dos informantes

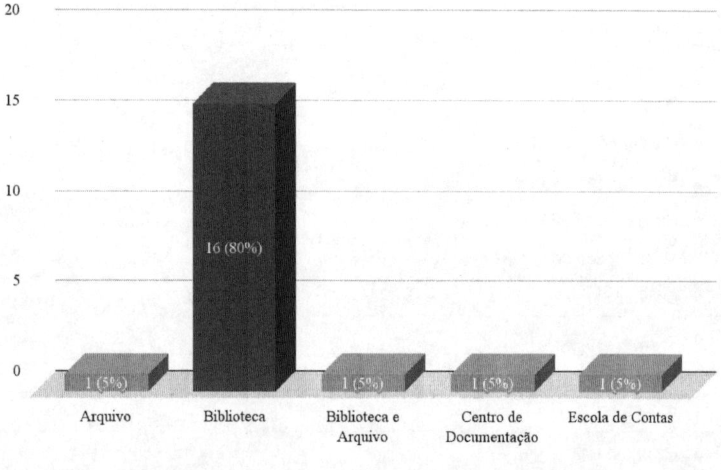

Fonte: Dados da pesquisa (2022).

A partir da análise do Gráfico 6, constatou-se que 80% dos informantes trabalham somente em biblioteca, 5% assumem suas atividades na biblioteca e no arquivo, 5% atuam somente no arquivo, 5% em centro de documentação e, os outros 5%, na Escola de Contas.

Assim, fazendo uma comparação com a quantidade de profissionais com formação em Biblioteconomia, perfazendo um total de 18 dos 20 informantes, constata-se que eles atuam nas bibliotecas, que, em geral, somam 17.

Diante disso, fica claro o compromisso assumido pelos TC quanto à responsabilidade técnica na biblioteca, que deve ser exercida, exclusivamente, por profissional com graduação em Biblioteconomia e com registro no respectivo conselho profissional, consoante a Lei nº 4.084, de 30.6.1962.

Após os dados referentes à caracterização dos informantes terem sido finalizados, segue-se para o segundo bloco do questionário, que trata do comportamento de busca e uso da informação dos profissionais da informação pesquisados.

5.3.2 Comportamento de busca e uso de informação

No que se refere ao comportamento de busca e uso de informação dos profissionais da informação atuantes nos TC, o Quadro 17 mostra quais fontes de informação, impressa e digital, os informantes costumam utilizar com maior frequência para adquirir conhecimento.

QUADRO 17 – Relação das fontes de informação mais utilizadas pelos informantes

(continua)

Fontes mais utilizadas	Total
Bibliotecas digitais	16
Colega de trabalho do mesmo TC	14
Sites de outros TC	14
Google	14
Bases de dados	14
Periódicos digitais	14
Colega de trabalho de outro TC	13
Revistas especializadas	13
Repositórios institucionais ou temáticos	12
Livros	11
Catálogos eletrônicos de bibliotecas	11
Revistas de outros tribunais	9
Chefe	7

(conclusão)

Fontes mais utilizadas	Total
Colega de profissão que não atua em TC	7
Diretórios de grupos de estudo	5
Jornais	3
Dicionários	3
Lives – YouTube, Instagram e Facebook	3
Enciclopédias	1

Fonte: Dados da pesquisa (2022).

A partir da análise do Quadro 17, observa-se que a fonte mais utilizada pelos informantes são as bibliotecas digitais, com 80% de escolha, seguidas pelas opções: colegas de trabalho do mesmo TC, *sites* de outros TC, *Google*, Bases de dados e periódicos digitais, com 70% cada um. Nesse contexto das bibliotecas digitais, Roknuzzaman, Kanai e Umemoto (2009) afirmam que a revolução digital das últimas décadas vem impactando de maneira radical a biblioteca nas práticas de coleta, organização, armazenamento, recuperação e divulgação de informações em âmbito global. Com o advento e uso generalizado do computador, as bibliotecas ampliam a oferta de informação em formato digital.

Observe-se, ainda, que as demais fontes com pontuações acima de 11, em sua maioria, são em formato digital. Esse resultado evidencia que, diante das funcionalidades das tecnologias digitais, que dão suporte ao armazenamento e à comunicação entre os envolvidos, facilitando o compartilhamento de informações e conhecimento nesses ambientes virtuais, os profissionais pesquisados priorizam essas fontes.

Outro fato intrigante é sobre a fonte de informação enciclopédia, que obteve apenas um voto, mesmo com a *Wikipédia*, enciclopédia *on-line* mais famosa e utilizada atualmente no mundo.

No Gráfico 7, os entrevistados foram questionados quanto à necessidade de acessar material informacional produzido por outro Tribunal de Contas.

GRÁFICO 7 – Necessidade informacional dos informantes

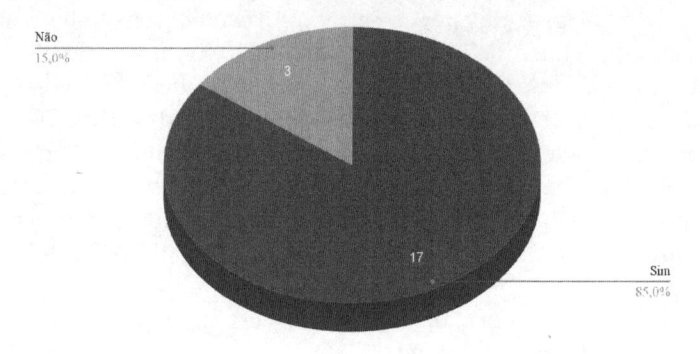

Fonte: Dados da pesquisa (2022).

O Gráfico 7 mostra que 85% dos respondentes já necessitaram consultar documentos produzidos por outros TC, e 15% nunca tiveram essa necessidade. Os dados reforçam a importância que a Rede Bibliocontas, ambiente virtual, possui "[...] para as administrações dos tribunais fortalecerem sua capacidade de atendimento a seus membros e aos cidadãos" (INSTITUTO RUI BARBOSA, 2014).[19]

Em complemento à pergunta anterior, no Quadro 18, é apresentado o local onde os informantes encontraram a informação de que necessitavam.

QUADRO 18 – Relação de fontes auxiliares

Fontes	Total
Em contato com bibliotecários de diversos TC	3
No material disponibilizado *on-line* por outros TC	3
Grupo Bibliocontas	2
Grupo de *WhatsApp*	2
Site dos TC, solicitação por *e-mail* ou grupo de *WhatsApp*	1
Bibliotecas de outros TC	1
Recebi na Bibliocontas, pesquisei nos *sites* dos TC que não responderam na Rede Bibliocontas	1
Sites ou por contato telefônico	1
Solicitação ao TC por *e-mail*/grupo de *WhatsApp*	1
Na internet, nos *sites* dos TC, Bibliocontas e *e-mail*	1
Normas e jurisprudência	1

Fonte: Dados da pesquisa (2023).

---

[19] Documento *on-line* não paginado.

Conforme o Quadro 18, os informantes manifestaram, para encontrar o que procuravam, ter entrado em contato com bibliotecários de outros TC e buscado informação em *sites* de outros tribunais, com 3 votos cada. Diante disso, evidencia-se a importância de manter uma relação de parceria e integração com profissionais de outros TC, uma vez que ela propicia a criação de uma rede de conhecimento, em que os sujeitos estejam em um "[...] ambiente integrado, tanto virtual quanto real, precisam estar interconectados para facilitar processo de geração e manutenção do conhecimento" (ALCANTARA; SILVA; TSUNODA, 2013, p. 7).

Esta análise permitiu concluir que o espaço criado para isso – o Portal Bibliocontas – está atendendo, parcialmente, às necessidades de seus usuários, como pode ser observado no quadro acima, no qual foi citado apenas por um informante.

No que se refere à criação de um espaço de compartilhamento de informações, constata-se que 100% dos informantes o consideram de suma importância. Dessa maneira, a criação de um ambiente propício ao compartilhamento ajuda os sujeitos a trabalharem de forma colaborativa, auxiliando o alcance de metas individuais e organizacionais. Em conformidade, Jordão (2015, p. 184) elucida:

> A relevância do compartilhamento de informações e conhecimentos no contexto das redes [...] evidenciaram: a necessidade da criação de um "Ba" para que isso ocorra de maneira efetiva; que os relacionamentos entre os atores (pessoas e organizações) são essenciais nesse processo; e que as redes facilitam e estimulam tanto criação, sistematização e compartilhamento de informações e conhecimentos, quanto a aprendizagem pessoal e organizacional.

Em se tratando da criação de locais apropriados, Nonaka e Konno (1998, p. 40) conceituam *ba*, como "[...] espaço compartilhado que serve de base para a criação de conhecimento". Em concordância, destaca-se a relevância que o Portal Bibliocontas possui neste cenário, conforme o estabelecido em seu Estatuto. Entre seus objetivos, encontra-se: "[...] coletar e melhorar o acesso aos conteúdos produzidos pelos tribunais de contas" (INSTITUTO RUI BARBOSA, 2014).

O Quadro 19 apresenta as respostas dos informantes quanto ao armazenamento das informações produzidas e/ou adquiridas em seu local de trabalho. Além das opções apresentadas, os participantes tiveram liberdade para inserir opções não contempladas.

QUADRO 19 – Armazenamento de informações produzidas e/ou adquiridas pelos informantes

Local de armazenamento	Total
Servidor intrarrede	18
Armazenamento em nuvem	11
Relatórios	9
E-mail	9
Banco de dados	6
Softwares e aplicativos	6
Pen drive	5
Servidor extrarrede	3
Ambientes virtuais de aprendizagem	3
Cadernos/agendas	2
Formulários	2
Diretórios de grupos de estudo	1
Site da escola	1

Fonte: Dados da pesquisa (2023).

A partir do Quadro 19, acentuam-se, entre as opções sugeridas, os servidores intrarrede (18), em maior destaque, seguido do armazenamento em nuvens (11). Os dois possuem como função principal o armazenamento de informações, dados e documentos. Os servidores intrarrede são visualizados como um ambiente para o armazenamento e troca de informações e documentos entre os colaboradores de uma empresa, "é um tipo de rede exclusiva, ou seja, apenas colaboradores de uma empresa específica conseguem acessar esse sistema" (4INFRA, 2021).[20]

O armazenamento em nuvem é bastante utilizado também e indicada para os trabalhos colaborativos, por ter sua conexão feita pela internet, dispensando o encontro presencial. Propiciando, principalmente, a cooperação entre os envolvidos, em que é possível compartilhar o acesso via *link* a documentos ou pastas, permitindo o acesso a documentos, dados e informações, "o trabalho colaborativo via compartilhamento de arquivos pode atrair novos usuários e até mesmo incentivar a atividade dos já existentes" (GONÇALVES *et al.*,

---

[20] *Site* da *4infra* (Disponível em: https://bityli.com/5xmWS. Acesso em: 25 jan. 2023).

2016, p. 7). A título de exemplo, podem-se citar: *Google Drive, Dropbox, OneDrive* etc.

Em contraste, encontra-se o CD-ROM (0), que, devido ao avanço tecnológico, tornou-se obsoleto, uma vez que os equipamentos atuais não conseguem fazer a leitura desse suporte.

Questionou-se, no Quadro 20, como os informantes costumam compartilhar o conhecimento.

QUADRO 20 – Compartilhamento do conhecimento

Meios de compartilhamento do o conhecimento	Total
E-mail	16
Servidor intrarrede	13
Reuniões	13
Conversas informais	13
Relatórios	12
Redes sociais	9
Treinamentos	8
Compartilhamento em nuvem	7
Palestras	6
Banco de dados	5
Softwares e aplicativos	5
Debates	5
Servidor extrarrede	3
Webinars	2
Diretórios de grupos de estudo	2
Ambientes virtuais de aprendizagem	1
Periódicos científicos da CI	1
Site da escola	1
Memorando circular interno	0

Fonte: Dados da pesquisa (2023).

As formas mais utilizadas pelos profissionais para compartilhar o conhecimento, conforme o Quadro 20, foram: *e-mail*, com 16 votos, servidor intrarrede, reuniões e conversas informais, sendo cada uma dessas a opção preferida por 13 informantes.

Percebe-se, portanto, a predominância do formato digital como principal opção. Acredita-se que isso acontece pelo fato de esse formato, além de oportunizar a troca de informações, permitir a recuperação de informações, tendo em vista seu potencial de armazenamento. Divergente a essa realidade, surge o memorando circular, o qual não obteve voto.

O próximo quadro (21) buscou identificar o que facilita a criação (produção, desenvolvimento) de novos conhecimentos no escopo de uma unidade de informação.

QUADRO 21 – Criação de novos conhecimentos

Criação de novos conhecimentos	Total
Ambientes virtuais de colaboração	18
Intercâmbio de boas práticas	16
Reuniões em grupo	14
Fóruns	14
Manuais	8
Diretórios de grupos de estudo	7
Portfólio	4
Cartilha	2
Protocolos de rotinas e manualização de procedimentos	1

Fonte: Dados da pesquisa (2023).

Para a criação de novos conhecimentos, as formas mais citadas pelos informantes foram: ambientes virtuais de colaboração e intercâmbio de boas práticas, obtendo, respectivamente, 18 e 16 votos.

Nonaka e Konno (1998, p. 53) afirmam que o "[...] conhecimento é gerenciável apenas enquanto os líderes adotam e fomentam a criação do conhecimento", ou seja, os líderes devem apoiar e propiciar espaços e ocasiões para que esse dinamismo aconteça. Para isso, os autores acima citados destacam, ainda, a importância da criação de locais apropriados, conceituados de *ba*, "[...] espaço compartilhado que serve de base para a criação de conhecimento" (NONAKA; KONNO, 1998, p. 40), isto é, a criação de um ambiente propício ao compartilhamento do conhecimento ajuda os sujeitos a trabalharem de forma colaborativa, auxiliando o alcance de metas individuais e organizacionais.

A seguir, visando a um aprofundamento mais específico sobre o campo de estudo, no terceiro bloco, foram elaboradas questões relacionadas ao processo de gestão da informação e do conhecimento na Rede Bibliocontas.

5.3.3 Gestão da informação e do conhecimento na Rede Bibliocontas

Inicialmente os informantes foram questionados quanto ao conhecimento da existência da Rede Bibliocontas, ao que todos os respondentes responderam afirmativamente. Assim, considera-se que os informantes estão em condição de contribuir para a identificação dos pontos fortes e fracos da rede.

Dando continuidade, buscou-se identificar se os respondentes já participaram de alguma edição do Fórum Bibliocontas:

GRÁFICO 8 – Participação nos fóruns Bibliocontas

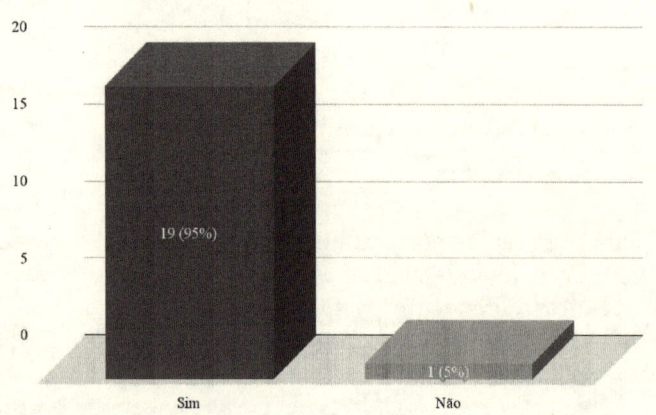

Fonte: Dados da pesquisa (2023).

Conforme Gráfico 8, em relação à participação nos eventos da Rede Bibliocontas, 95% dos informantes sinalizaram ter participado, o que revela que o evento serve de canal para integração dos profissionais da informação atuantes nos TC. Essa participação é importante, também, porque, ao término do evento, os participantes se reúnem em local separado e formalizam, juntos, uma carta-compromisso, na qual ficam estabelecidas as ações a serem executadas até o próximo fórum.

Na sequência, foi perguntado o nível de reconhecimento dos respondentes em relação ao fato de a Rede Bibliocontas ser considerada um espaço para o intercâmbio de informações e construção do conhecimento. Para isso, foi empregada a escala de Likert, utilizada para medir opiniões com um nível maior de detalhamento.

GRÁFICO 9 – Rede Bibliocontas como um espaço de intercâmbio de informações e construção do conhecimento

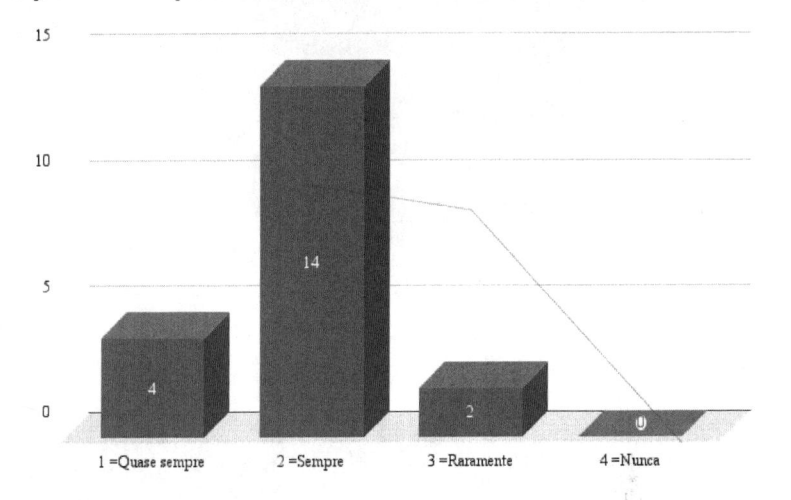

Fonte: Dados da pesquisa (2023).

Consoante o Gráfico 9, 4 servidores marcaram a opção 1 = Quase sempre, 14 servidores marcaram a opção 2 = Sempre e 2 servidores marcaram a opção 3 = Raramente. Pode-se inferir que em média 33% dos servidores reconhece a Rede Bibliocontas como um espaço de intercâmbio de informações e consequentemente também como espaço de construção do conhecimento.

A partir da análise da escala que utilizou dois valores positivos e dois valores negativos, uma vez que não houve voto para a opção 4 = Nunca, torna-se evidente a percepção assertiva sobre a Rede Bibliocontas, que diretamente cumpre o objetivo fundamental de sua criação: "[...] promover o intercâmbio de informações, conhecimentos e boas práticas entre as unidades de informação dos tribunais de contas" (INSTITUTO RUI BARBOSA, 2014).

O Gráfico 10 apresenta o resultado da pergunta feita aos informantes sobre a página *on-line* da Rede Bibliocontas, hospedada no *site* do IRB.

GRÁFICO 10 – Conhecimento do portal virtual da Rede Bibliocontas

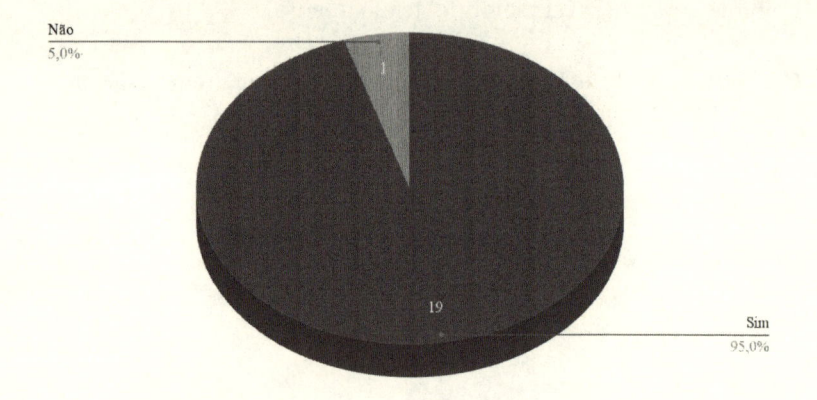

Fonte: Dados da pesquisa (2023).

Por meio do Gráfico 10, percebe-se que 95% dos informantes conhecem o portal virtual da Rede Bibliocontas, seguidos de 5% que apontaram desconhecimento. A página da Bibliocontas é um ambiente informacional digital governamental, que faz parte do *website* do IRB. Para melhor entendimento, Choo *et al.* (2000 *apud* MORAIS, 2013, p. 32-33) informam que portais são:

> Ambientes ricos de trabalho virtual e não apenas ferramentas de disseminação de informação. O portal é um espaço informacional de trabalho compartilhado que facilita os processos de criação, intercâmbio, retenção e reuso do conhecimento. É composto por um espaço de conteúdo para facilitar o acesso e a recuperação da informação; por um espaço de comunicação para suportar a negociação de interpretações e significados coletivos e por um espaço de coordenação para permitir a ação e o trabalho cooperativo.

O ambiente informacional virtual da Rede Bibliocontas foi alvo de reivindicações dos três primeiros fóruns, que solicitaram sua criação. Visto sua importância e necessidade, foi criado no IV Fórum. Diante disso, é importante enfatizar que o portal poderia ser mais explorado, uma vez que se trata de uma ferramenta multifacetada que aceita a inserção de diversas outras práticas.

Já o Gráfico 11 é voltado para os informantes que conhecem o portal virtual da Rede Bibliocontas e que, diante disso, foram indagados quanto a alguma dificuldade na busca por informações.

GRÁFICO 11 – Busca informacional na página *on-line* da Rede Bibliocontas

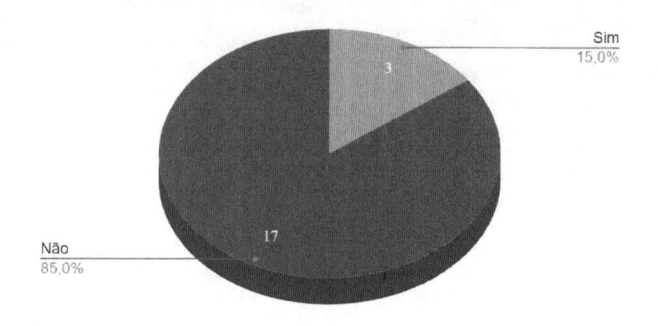

Fonte: Dados da pesquisa (2023).

Respondendo à questão, 85% responderam não ter tido dificuldade na busca por informações na *homepage* da Rede, os outros 15% reconheceram ter tido alguma dificuldade na busca.

De modo complementar, na disciplina de Arquitetura da Informação do Programa de Pós-Graduação em Gestão da Informação e do Conhecimento (PPGIC), da Universidade Federal do Rio Grande do Norte (UFRN), foi realizada, pela pesquisadora, análise mais aprofundada no sítio *web* da Rede Bibliocontas, baseada em alguns pressupostos da arquitetura da informação digital, sendo eles: os sistemas de organização, os sistemas de rotulagem, os sistemas de navegação e os sistemas de pesquisa, tendo como intenção identificar pontos fortes e fracos do portal.

Segundo o arquiteto e desenhista gráfico Richard Saul Wurman, arquitetura da informação quer dizer como as informações poderiam ser reunidas, organizadas e apresentadas de diferentes formas para públicos distintos.

No Quadro 22, é possível observar os pontos fortes e fracos do *website* da Rede Bibliocontas, conforme aplicação de formulário (Anexo 1).

QUADRO 22 – Análise do *website* da Rede Bibliocontas

Pontos fortes	Pontos fracos
O *site* é aberto, sendo possível a navegação de usuários externos	Falta de espaço colaborativo para os profissionais da informação dos TC
Contato para comunicação com responsáveis no fim da página	Ausência de acessibilidade para as pessoas com necessidades especiais
Hiperlinks para blocos informativos em outras páginas ou outros locais	Falta padronização na organização dos sistemas de organização do *website* do IRB com a página da Rede Bibliocontas
Utiliza sistema de busca simples	Não existe organização cronológica, somente no que diz respeito aos fóruns
Transparência sobre os objetivos da Rede	Não possui opção de busca avançada
	As duas páginas são limitadas (IRB e Bibliocontas), pois se restringem apenas ao signo imagético, não aparece a descrição da imagem
	A página da Bibliocontas é organizada de forma altamente não linear de estruturar as informações
	O preenchimento automático na busca simples existe, porém, não funciona
	A usabilidade é insatisfatória devido ao local de armazenamento dos documentos

Fonte: Elaborado pela autora (2022).

Diante da avaliação, é possível notar uma inconsistência no que tange aos atributos da arquitetura da informação, se aplicados em um processo de reformulação do *website*, haverá uma considerável contribuição neste processo de troca e armazenamento de informações, principalmente, levando em consideração o objetivo principal da Bibliocontas, que é ser uma rede de cooperação e intercâmbio dos profissionais da informação dos TC.

Retomando o questionário, o Gráfico 12 expõe as respostas dos informantes quanto à participação no Comitê Técnico de Gestão da Informação (CTGI) do IRB.

GRÁFICO 12 – Membro de Comitê Técnico de Gestão da Informação do IRB

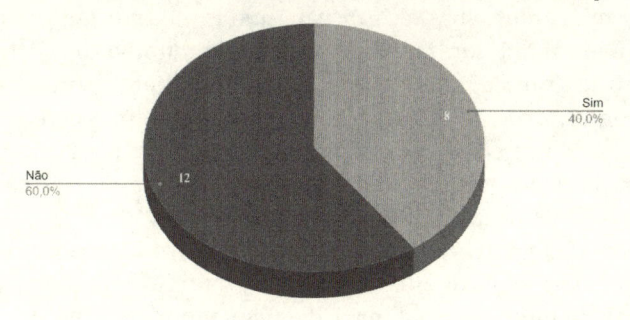

Fonte: Dados da pesquisa (2023).

De acordo com o Gráfico 12, 60% dos respondentes nunca fizeram parte do CTGI, enquanto 40% já foi membro. Diante disso, pode-se conjecturar a existência da falta de incentivo para que os profissionais da informação participem efetivamente do comitê, onde possam, de forma mais efetiva, contribuir na eficiência dos TC, para que se cumpra ativamente "[...] a articulação ativa de cooperação entre cientistas ou instituições, explicitando o *fluxo de trocas de informações, intercâmbios de ideias e conhecimentos*" (ROCHA *et al.*, 2020, p. 528, grifos nossos).

O Gráfico 13 revela se a Rede Bibliocontas fornece informações referentes e relevantes ao exercício dos TC.

GRÁFICO 13 – Fornecimento de informações pela Rede Bibliocontas sobre assuntos referentes e relevantes ao exercício dos TC

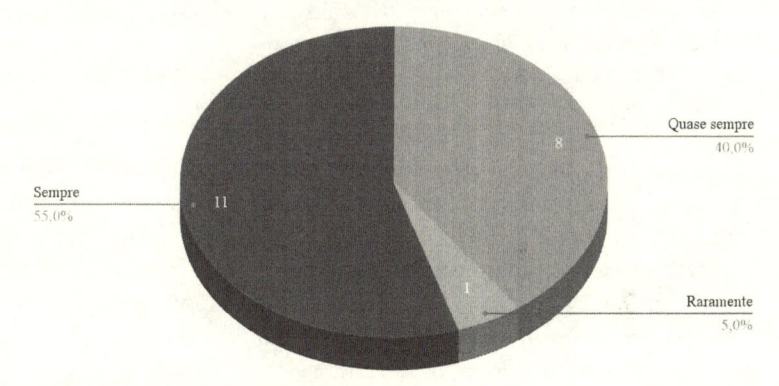

Fonte: Dados da pesquisa (2023).

Conforme o gráfico, 55% concordam que a Rede fornece informações relevantes, 40% reconhecem que fornecem quase sempre e 5% afirmaram que raramente fornecem. Nenhum voto foi atribuído à categoria "nunca". Dessa forma, de modo geral, considera-se a Bibliocontas fonte de informação relevante, porém, percebe-se que ela necessita de melhorias em aspectos já mencionados. No entanto, o produto desta pesquisa prevê um portfólio que proponha ferramentas e práticas de GC que aperfeiçoem sua gestão.

Como demonstrado na análise do Quadro 22, o próprio portal Bibliocontas necessita de atualização, com o intuito de atrair mais acessos ao ambiente informacional, principalmente, por ser uma ferramenta de disseminação de informação e conhecimento entre os profissionais.

Um aspecto importante a ser analisado é o comportamento informacional dos usuários da Rede que está relacionado à busca, ao uso e ao manejo de informações e fontes para satisfazer suas necessidades.

Foi solicitado aos informantes que sinalizassem sobre a importância de oferta de capacitações oferecidas pela Rede. Com efeito, constatou-se que 100% dos informantes sinalizaram ser importante que a Rede Bibliocontas ofereça capacitações voltadas ao exercício de suas atividades, sendo relevante o aprimoramento de suas competências informacionais.

Segundo Jordão (2017, p. 685, tradução e grifos nossos):

> Pode-se destacar que as redes de conhecimento são fundamentais no *desenvolvimento de novas competências organizacionais e gerenciais sustentáveis*, gerando uma coevolução [...] promovendo ainda maior engajamento e comprometimento dos atores, melhorias nos mecanismos de governança, maior proatividade e capacidade negocial, bem como o aumento das *formas de acesso, criação, aquisição, transmissão, absorção e utilização da informação e do conhecimento*.

Vale a pena destacar a importância de realizar um mapeamento do conhecimento e das competências desses profissionais, a fim de identificar o saber de cada um, como, também, suas fragilidades e, assim, ser mais assertivo quanto ao planejamento de capacitações.

O Gráfico 14 apresenta as respostas dos respondentes quanto à participação de alguma avaliação sobre a qualidade dos produtos e serviços oferecidos pela Rede Bibliocontas.

GRÁFICO 14 – Avaliação sobre a qualidade dos produtos e serviços oferecidos pela Rede Bibliocontas

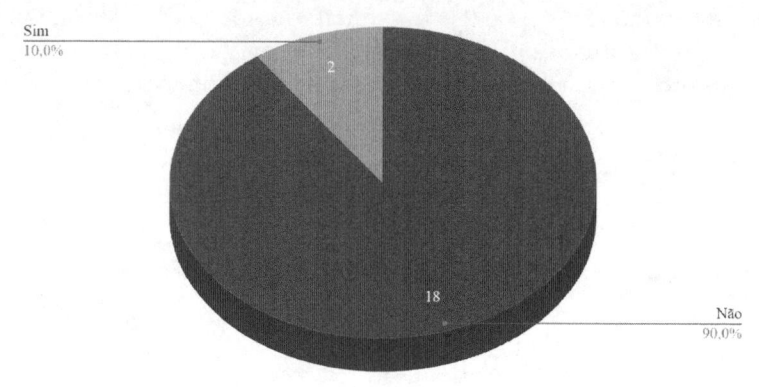

Fonte: Dados da pesquisa (2023).

Como mostra o Gráfico 14, 90% dos informantes relataram nunca terem participado de alguma avaliação realizada pela Rede no intuito de receber um *feedback* de seus usuários sobre serviços e produtos ofertados por ela, e 10% sinalizaram já terem participado de alguma avaliação.

É interessante perceber que 2 dos 20 informantes sinalizaram já ter participado de alguma pesquisa, concluindo, assim, que esta iniciativa já existiu, mas, por algum motivo, não alcançou a totalidade dos profissionais pesquisados. Em decorrência, pode-se concluir a mudança de gestão da Bibliocontas, em que algumas iniciativas podem não ter sido continuadas ou, até mesmo, se tornar desconhecidas. Por isso, a importância de se formalizar um portfólio no qual sejam registradas essas iniciativas, com vistas à sua atualização ao fim de cada gestão.

Complementando o gráfico anterior, procurou-se saber dos informantes se eles acham importante serem consultados sobre suas necessidades informacionais.

Como mencionado anteriormente, é de suma importância que os gestores da Rede Bibliocontas apliquem entrevistas e/ou questionário, com vistas a mapear as reais necessidades informacionais de seus usuários, para poder buscar, selecionar e distribuir essas informações no intuito de satisfazer essa lacuna de conhecimento.

Isso pode ser evidenciado com o percentual de 100% dos respondentes que concorda que suas necessidades informacionais sejam investigadas, até porque "[...] uma necessidade informacional é algo não observável diretamente. Não podemos, por exemplo, ver suas 'estruturas', no entanto, a necessidade informacional existe, pelo menos, na mente do usuário" (COOPER, 1971, p. 22).

Nos quadros 23 e 24, foi solicitado aos respondentes que marcassem, entre as opções, ferramentas e práticas de GC que consideram úteis para serem implementadas na Rede Bibliocontas.

QUADRO 23 – Práticas de GC úteis para a Rede Bibliocontas

(continua)

Práticas	Total
Memória organizacional: utilizada para registrar experiências com a expectativa de utilização no futuro.	19
Portal de compartilhamento intranet/extranet: utilizado para registrar e permitir o acesso e o uso compartilhado das informações.	18
Lições aprendidas: são utilizadas para registrar o aprendizado, identificando o que deu certo, o que deu errado e o que pode ser modificado nos processos internos.	17
Fóruns técnicos (presenciais e virtuais): são um canal que promove encontros para debates voltados a temas relevantes para a organização.	16
Fóruns de discussão: são um canal que aproxima pessoas e que, por meio dele, são abertos diálogos e debates acerca de temas relacionados.	16
Comunidades de práticas: são utilizadas para compartilhar informações e conteúdos de interesse comum que possam contribuir para a geração de novas ideias.	15
Repositório institucional: tem a função de armazenar, preservar, organizar e disseminar amplamente a produção intelectual de instituições, reunindo todo o conteúdo em um único ambiente virtual, além de estar inserido no movimento mundial de acesso gratuito à produção científica.	15
Mapeamento do conhecimento e de competências: utilizado para registrar, de forma dinâmica, os conhecimentos e as competências dos colaboradores, a fim de evidenciar o saber de cada um.	13
Ensino a distância (EaD): modalidade de ensino ocorrida em ambiente virtual, ou seja, sem a necessidade de presença física para o processo de ensino e aprendizagem.	13
Gestão eletrônica de documentos (GED): é uma tecnologia que facilita o controle, armazenamento, compartilhamento e recuperação das informações existentes de determinada instituição.	12
Seminários: são um gênero oral que serve para apresentar um conteúdo a determinado público, utilizando, se necessário, recursos audiovisuais e outros, com intuito de qualificar a apresentação.	12

(conclusão)

Práticas	Total
Reuniões: são um encontro de pessoas, a fim de tratar de determinados assuntos.	11
Catálogos de dados: são um inventário organizado de ativos de dados na organização. Ele usa metadados para ajudar as organizações a gerenciar seus dados.	10
Conferências: são um discurso (ou uma apresentação) em público sobre algum tema concreto.	8
Benchmarking: é um processo de estudo de concorrência, podendo ser uma análise profunda das melhores práticas usadas por empresas de um mesmo setor que o seu e que podem ser replicadas.	8
Narrativas: são utilizadas para descrever assuntos e situações complexas, comunicar lições aprendidas, passar a experiência pessoal para um nível de conhecimento mais generalizado.	7
Mapas conceituais: são uma técnica utilizada para selecionar, analisar, elaborar e aprender de maneira significativa.	7
Gestão por competências: propicia o desenvolvimento técnico e comportamental do colaborador em relação ao que é exigido em sua função.	6
Banco de talentos: é uma ferramenta que reúne dados de colaboradores de uma empresa a fim de identificar suas qualificações e expertises.	6
Mapeamento de processos: permite identificar os processos essenciais, proporcionando uma análise mais sistêmica da organização.	5
Rodízio funcional: possibilita que os funcionários se desenvolvam profissionalmente ao conhecerem algo além de suas atribuições.	5
Coaching e mentoring: no coaching procuram-se alcançar as metas e objetivos, no mentoring, o foco está na transferência de conhecimento e a expertise para o desenvolvimento de competências pessoais e profissionais.	2

Fonte: Elaborado pela autora (2023).

Quanto às práticas sugeridas pelos respondentes, destacou-se a memória organizacional (MO), sendo opção de 19 respondentes. Esta prática se caracteriza, de acordo com Strauhs *et al.* (2012), como o registro de experiências envolvendo as diferentes áreas da empresa, equipes e fatos mais relevantes ocorridos nos diversos projetos de oportunidades de inovação desenvolvidos com a expectativa de utilização no futuro.

Já como segunda opção, com 18 votos, surge o portal de compartilhamento intranet/extranet. Nesse sentido, Strauhs *et al.* (2012) consideram que os portais de compartilhamento facilitam o fluxo de informações e permitem gerir o conhecimento interno, uma vez que também os registra.

Um fato relevante, que vale a pena ser destacado, é quanto ao baixo número de votos no que se refere ao desenvolvimento das competências informacionais dos indivíduos da Rede, sendo as práticas: gestão por competência, banco de talentos, rodízio funcional e *coaching* e *mentoring*, uma vez que podem ser utilizadas para o desenvolvimento técnico e comportamental, como, também, a expertise dos colaboradores.

QUADRO 24 – Ferramentas de GC úteis para a Rede Bibliocontas

Ferramentas	Total
Videoconferências	19
E-mails	17
Grupos de *WhatsApp*	17
Ambientes virtuais de aprendizagem	15
Armazenamento em banco de dados eletrônico	12
Repositórios de lições aprendidas	10
Softwares e aplicativos	10
Redes sociais	10
Registro formal de resultados de sucessos e fracassos (formulários escritos)	9
Audioconferências	7
Aplicar rotinas de distribuição de informações	7
Chats	7
Listas de discussões	7
Infraestrutura tecnológica (coordenação deliberada e sistemática de pessoas, tecnologia e processos)	7
Transações	3
Sistema de relatórios	3
Podcast	1

Fonte: Elaborado pela autora (2023).

Baseando-se no quadro de ferramentas sugeridas pelos respondentes, é notório observar que existe uma discrepância de opções sobre as práticas, que explicasse, conforme Hoffmann (2014, p. 115), porque "[...] a tecnologia é apenas uma ferramenta de apoio, já que não existe nenhuma capaz de criar conhecimento ou auxiliar na recuperação, registro e contextualização das informações sem o apoio de alguma forma de intervenção humana".

Entre as mais escolhidas, destaca-se a videoconferência, tendo sido bastante utilizada na pandemia da Covid-19, em que os encontros presenciais foram proibidos. Seguida de *e-mail* e grupos de WhatsApp, ferramentas que permitem a troca de informações, dados e documentos, promovendo, também, a interação entre os envolvidos.

Outro fato interessante é em relação ao *podcast*,[21] sendo a ferramenta menos votada entre os informantes. Tal fato pode ser justificado por ser uma ferramenta nova, mas que pode ser vista como um poderoso instrumento de disseminação de conteúdos, podendo ser acessada a qualquer momento.

Na última questão, foi solicitado aos informantes que indicassem quais pontos necessitam de melhorias na socialização da informação na Rede Bibliocontas.

QUADRO 25 – Sugestões de melhorias na socialização da informação na Rede Bibliocontas

Efetivar uma única ferramenta para inserção de dados, referentes aos questionamentos do grupo, criando uma rotina.
Maior participação dos profissionais no grupo Bibliocontas e nos comitês.
Desenvolvimento de um repositório conjunto para que todos os TC compartilhassem todos seus artigos técnicos, manuais e publicações. Para a entrada dos dados seriam extraídos os dados normais de catalogação e, para recuperação, pesquisa por autor e assunto, prioritariamente.
Formulário de identificação das necessidades informacionais dos profissionais dos TC.
Manutenção e atualização da rede virtual.
Encontros periódicos virtuais e presenciais.
Realizar reuniões técnicas, além do fórum.
Realizar cursos.
Interação, intercâmbio e comunicação.
Concentração das informações dos fóruns no portal.
Atualização da rede virtual.
Gestão eletrônica de documentos (GED) da Bibliocontas.
Fóruns técnicos nas duas modalidades (presencial e virtual).
Melhor comunicação entre os membros da Bibliocontas, não se restringindo aos gestores das unidades de informação.
Maior integração e compartilhamento entre as redes do conhecimento dos TC.
Reuniões periódicas estruturadas, com momento para compartilhamento de boas práticas.
Fazer chegar as informações julgadas importantes aos participantes da rede, via *e-mails*, WhatsApp etc.

Fonte: Dados da pesquisa (2023).

---

[21] *Podcasts* são conteúdos de áudio via *streaming* em que os usuários podem baixar em seus dispositivos pessoais e ouvir quando desejar. Cada episódio gira em torno de um tema ou tópico e é um excelente formato *on-demand* que ajuda empresas a se conectarem com seus clientes, *prospects*, time e parceiros (MAZZEU, 2022).

Em análise ao Quadro 25, foi solicitado aos respondentes que indicassem sugestões de melhorias na socialização da informação na Rede Bibliocontas. Pensando em um melhor aproveitamento das respostas dos informantes da análise dos dados, como, também, diante de suas sugestões de melhorias, foi realizada uma Matriz SWOT (Figura 17). De acordo com Daychouw (2007), esta pode ser considerada uma ferramenta utilizada para fazer análises de cenário (ou análises de ambiente), sendo usada como base para a gestão e o planejamento estratégico de uma organização.

De forma mais enfática, Silva *et al.* (2011, p. 3) apresentam detalhamento da ferramenta:

> A análise da Matriz SWOT é uma ferramenta essencial para uma organização, pois é através dela que a empresa consegue ter uma visão clara e objetiva sobre quais são suas forças e fraquezas no ambiente interno e suas oportunidades e ameaças no ambiente externo, dessa forma com essa análise os gerentes conseguem elaborar estratégias para obter vantagem competitiva e melhor o desempenho organizacional. É um sistema simples para posicionar ou verificar a posição estratégica da empresa no ambiente em questão. Seu resultado pode servir de apoio na tomada de decisões e na elaboração de planejamento estratégico para a determinação de ações e iniciativas práticas.

Essa ferramenta foi oportuna no trabalho, pois forneceu um diagnóstico situacional preliminar da Rede, em que foi possível identificar os pontos fortes e fracos da Bibliocontas, e as oportunidades e ameaças externas, o que poderá servir de base para o aumento do desempenho no âmbito dos TC, por meio da elaboração de um plano de ação que serviu de suporte para a construção do portfólio.

FIGURA 17 – Análise SWOT da Rede Bibliocontas

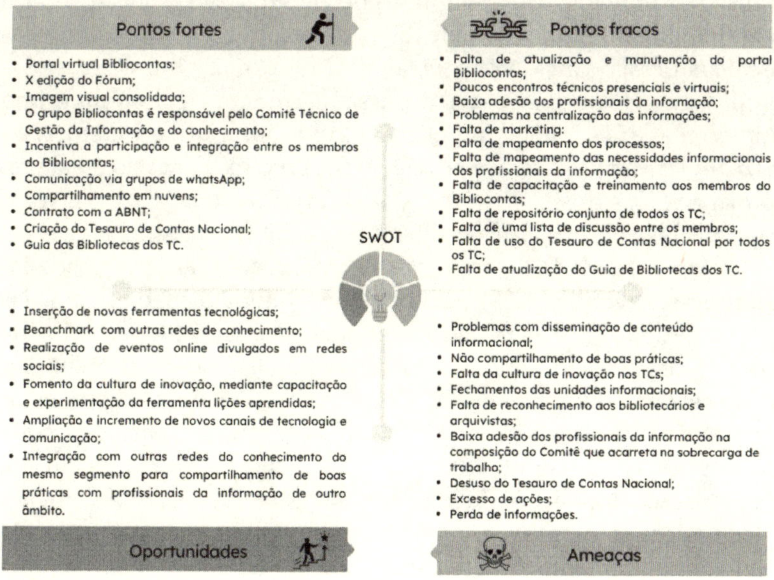

Pontos fortes

- Portal virtual Bibliocontas;
- X edição do Fórum;
- Imagem visual consolidada;
- O grupo Bibliocontas é responsável pelo Comitê Técnico de Gestão da Informação e do conhecimento;
- Incentiva a participação e integração entre os membros do Bibliocontas;
- Comunicação via grupos de whatsApp;
- Compartilhamento em nuvens;
- Contrato com a ABNT;
- Criação do Tesauro de Contas Nacional;
- Guia das Bibliotecas dos TC.

Pontos fracos

- Falta de atualização e manutenção do portal Bibliocontas;
- Poucos encontros técnicos presenciais e virtuais;
- Baixa adesão dos profissionais da informação;
- Problemas na centralização das informações;
- Falta de marketing;
- Falta de mapeamento dos processos;
- Falta de mapeamento das necessidades informacionais dos profissionais da informação;
- Falta de capacitação e treinamento aos membros do Bibliocontas;
- Falta de repositório conjunto de todos os TC;
- Falta de uma lista de discussão entre os membros;
- Falta de uso do Tesauro de Contas Nacional por todos os TC;
- Falta de atualização do Guia de Bibliotecas dos TC.

SWOT

- Inserção de novas ferramentas tecnológicas;
- Beanchmark com outras redes de conhecimento;
- Realização de eventos online divulgados em redes sociais;
- Fomento da cultura de inovação, mediante capacitação e experimentação da ferramenta lições aprendidas;
- Ampliação e incremento de novos canais de tecnologia e comunicação;
- Integração com outras redes do conhecimento do mesmo segmento para compartilhamento de boas práticas com profissionais da informação de outro âmbito.

- Problemas com disseminação de conteúdo informacional;
- Não compartilhamento de boas práticas;
- Falta da cultura de inovação nos TCs;
- Fechamentos das unidades informacionais;
- Falta de reconhecimento aos bibliotecários e arquivistas;
- Baixa adesão dos profissionais da informação na composição do Comitê que acarreta na sobrecarga de trabalho;
- Desuso do Tesauro de Contas Nacional;
- Excesso de ações;
- Perda de informações.

Oportunidades

Ameaças

Fonte: Elaborado pela autora (2023).

Considerando a Figura 17, na análise do ambiente interno da Rede, visando às suas forças, pode-se observar que esta possui um portal virtual, que atende, parcialmente, a seus objetivos, centralizando e disseminando conteúdos de alguns TC.

Outro ponto positivo, é que os membros da Rede são responsáveis pelo Comitê Técnico da Informação e do Conhecimento, do IRB, possuem papel fundamental no gerenciamento de informações e do conhecimento no âmbito dos TC. Rezende (2008) destaca que as forças ou pontos fortes da organização são as variáveis internas e controláveis que propiciam condições favoráveis para a organização em relação ao seu ambiente. São características ou qualidades da organização, que podem influenciar positivamente o desempenho da organização.

Abordando os pontos fracos, Martins (2007) aponta que são aspectos mais negativos da empresa em relação ao seu produto, serviço ou unidade de negócios. Diante disso, destacam-se: falta de encontros técnicos presenciais e virtuais, além do fórum de bibliotecários e arquivistas; baixa adesão dos profissionais da informação no grupo Bibliocontas e nos comitês; problemas na centralização das informações; falta de *marketing*; falta de mapeamento dos processos e das necessidades informacionais dos profissionais da informação e falta de oferta de capacitação e treinamento aos membros da Bibliocontas.

Em se tratando do ambiente externo, surgem as oportunidades e ameaças. Rezende (2008) cita que as oportunidades são as variáveis externas e não controladas, que podem criar as condições favoráveis para a organização, desde que esta tenha condições ou interesse de utilizá-las. Entre as identificadas na *SWOT*, está a inserção de novas ferramentas tecnológicas; *benchmarking* com outras redes de conhecimento; realização de eventos *on-line* divulgados em redes sociais; fomento da cultura de inovação; ampliação e incremento de novos canais de tecnologia e comunicação; integração com outros membros de redes de conhecimento do mesmo segmento para compartilhamento de boas práticas com profissionais da informação.

Já as ameaças são situações ou fenômenos externos, atuais ou potenciais, que podem prejudicar a execução de objetivos estratégicos (CALLAES; BÔAS; GONZALES, 2006). A exemplo: o não comparti-lhamento de boas práticas; falta da cultura de inovação nos TC; falta de reconhecimento aos bibliotecários e arquivistas; fechamentos das unidades informacionais; baixa adesão dos profissionais da informação na composição do comitê que acarreta na sobrecarga de trabalho; falta de incentivo quanto à participação dos profissionais da informação em eventos promovidos pelo IRB e TC; o desuso do Tesauro de Contas Nacional e perda de informações.

Em suma, destaca-se a importância desta seção, que forneceu importantes informações, tanto sobre o comportamento informacional dos informantes, como as ferramentas e práticas de GC que se conhecem e as que estão sendo adotadas na Rede Bibliocontas, sendo possível, assim, sugerir no produto final ferramentas e práticas de modo a melhorar a gestão da Rede.

CAPÍTULO 6

PORTFÓLIO DE FERRAMENTAS E PRÁTICAS DE CG PARA A REDE BIBLIOCONTAS

Este produto é fruto do mestrado profissional do Programa de Pós-graduação em Gestão da Informação e do conhecimento da UFRN, que tem como objetivo caracterizar uma proposta de intervenção que seja exequível. Com isso, esta seção sugere a proposição de um portfólio que forneça ferramentas e práticas de GC que venham a aprimorar a gestão de uma rede de conhecimento, a Rede Bibliocontas, que reúne bibliotecários, arquivistas e demais profissionais da informação dos TC e que atuam no Instituto Rui Barbosa (IRB).

Serviram de embasamento para a elaboração do portfólio ferramentas e práticas já em uso pela Rede, como, também, as sugeridas pelos informantes e também as já mencionadas nos documentos oficiais elaborados nos fóruns. Baseando-se nisso, foi realizada uma espiral do conhecimento específica para a Rede Bibliocontas, que contempla a interação entre os envolvidos, em que ocorre a transmissão de conhecimento, do tácito para explícito e vice-versa, podendo gerar novos conhecimentos, por meio dos quatro modos de conversão sugeridos por Nonaka e Takeuchi (2004).

Em suma, esta seção contempla sugestões de ferramentas e práticas de GC que aperfeiçoem a GIC na Rede Bibliocontas, com vistas a aumentar o desempenho organizacional no âmbito dos TC, em que "[...] tais ferramentas podem potencializar o desempenho das organizações e melhorar seus resultados das atividades voltadas para gestão do conhecimento, sendo, muitas vezes, fator crítico de sucesso para qualquer iniciativa nessa temática" (SOUZA; MARTINS, 2020, p. 394).

As sugestões tiveram como base a literatura consultada, como, também, resultados obtidos das análises empíricas sobre ferramentas e práticas de GC na Rede Bibliocontas.

Com vistas a uma melhor visualização e entendimento, as ferramentas e práticas foram divididas nas já em uso pela Rede, e as sugeridas visando à implementação, conforme quadros 26 e 27.

O Quadro 26 destaca as ferramentas e práticas já *em uso* pela Rede Bibliocontas.

QUADRO 26 – Ferramentas e práticas de gestão do conhecimento em uso pela Rede Bibliocontas

Em uso pela Rede Bibliocontas	
Ferramentas	**Práticas**
Base de dados de jurisprudência dos Tribunais de Contas	Comitês temáticos.
Sistema de Gerenciamento de Acervos para Bibliotecas, Arquivos e Centros de Memória	Cooperação entre as unidades de informação dos Tribunais de Contas.
Biblioteca Virtual dos Tribunais de Contas do Brasil (Bibliocontas Virtual)	Criação de programas de qualidade.
Catálogos automatizados na internet	Participação de bibliotecário nos eventos do grupo JURISTCs.
Google Talk, Skype, Twitter, blog	Grupo de estudos para a implementação de um *software* agregador de informações bibliográficas dos Tribunais de Contas do Brasil.
Homepage da Bibliocontas (Portal).	Inclusão de bibliotecas, arquivos e centros de memória na avaliação da qualidade e agilidade do controle externo.
Lista de discussão	Indexação da jurisprudência dos Tribunais de Contas.
Programas de gestão de documentos	Intercâmbio de informações através da Bibliocontas.
Repositório Arquivístico Digital Confiável (RDC-Arg)	*Marketing* institucional e pessoal.
Sala Virtual Fórum Bibliocontas	Participação conjunta de profissionais nos fóruns Bibliocontas.
Sistemas Informatizados de Gestão Arquivística de Documentos – SIGAD	Preservação da memória da Bibliocontas.
Tesauro de Contas Nacional (TCN)	Preservação da memória institucional (patrimônio material e imaterial).
Vocabulário controlado do Senado Federal	Publicação de trabalhos para estímulo ao compartilhamento do conhecimento e das melhores práticas.
Estatuto da Bibliocontas	Rede cooperativa de comunicação das unidades de informação.
Termo de cooperação técnica para a implantação oficial da Rede Bibliocontas – Grupo de Profissionais de Informação dos Arquivos, Bibliotecas e Centros de Memória dos Tribunais de Contas	Revisão de vocabulário controlado das bibliotecas, tendo como base o Vocabulário Controlado do Senado Federal.

Fonte: Elaborado pela autora (2023).

E, no Quadro 27, estão elencadas as ferramentas e práticas *sugeridas* para a Rede Bibliocontas.

QUADRO 27 – Ferramentas e práticas de gestão do conhecimento sugeridas para a Rede Bibliocontas

Sugeridas para a rede (aprimoramento)	
Ferramentas	**Práticas**
Registro formal de resultados de sucessos e fracassos (formulários escritos)	Ensino a distância (EaD)
Chats	Gestão eletrônica de documentos
Listas de discussões	Seminários
Infraestrutura tecnológica (coordenação deliberada e sistemática de pessoas, tecnologia e processos)	Reuniões
Transações	Conferências
Sistema de relatórios	Benchmarking
Podcast	Narrativas
Portal de compartilhamento intranet/extranet	Gestão por competências
Repositório institucional	Mapeamento de processos
Software (GED)	Rodízio funcional
Catálogos de dados	Coaching e mentoring
Mapas conceituais	Audioconferências
Banco de talentos	Aplicar rotinas de distribuição de informações
Armazenamento em nuvem	Conversas informais
Manuais	Treinamentos e capacitações
Diretório de grupos de estudos	Palestras
Portfólio	Intercâmbio de boas práticas
Cartilha	

Fonte: Elaborado pela autora (2023).

As ferramentas e práticas de GC aqui elencadas foram visualizadas a partir das análises na literatura recuperada, nos documentos oficiais da Rede e das respostas ao questionário, que foram inspiradas a compor uma base de ferramentas e práticas que foram utilizadas na elaboração de espiral do conhecimento para a Rede Bibliocontas, seguindo o modelo SECI, adaptado por Mattera (2014), em que é possível "[...] criar circunstâncias e ambientes para sua mobilização, de maneira sistêmica, desenvolvendo práticas em todos os modos de conversão do conhecimento apresentados no modelo" (MATTERA, 2014, p. 211).

Por meio da análise combinada das três técnicas de coleta de dados utilizadas na presente pesquisa, foi possível fazer uma triangulação qualitativa para avaliação dos resultados obtidos, em que se buscou entender quais eram as principais ferramentas e práticas que estavam sendo discutidas na literatura brasileira produzida na área da ciência da informação sobre gestão do conhecimento.

Assim, obteve-se um arcabouço de instrumentos e procedimentos diversificados, que variam entre o tradicional e o mais inovador, além da convergência de diferentes mecanismos de apoio advindos a partir da interdisciplinaridade com outras áreas do conhecimento.

O resultado do cruzamento dos dados obtidos, por meio das 3 técnicas de coleta de dados, subsidiará a implementação de ferramentas e práticas para o modelo de portfólio proposto para a Rede.

Vale ressaltar que o mapeamento das ferramentas e práticas identificadas na literatura, nos documentos e no questionário, gerou um banco extensivo, e que, para a construção da espiral do conhecimento, adaptado para a Rede Bibliocontas, foram selecionadas as que mais se moldam aos 4 níveis de conversão do conhecimento tácito em explícito, conforme Figura 18.

FIGURA 18 – Espiral do conhecimento com ferramentas e práticas de GC para a Rede Bibliocontas

Fonte: Adaptado de Mattera (2014, p. 214).

É importante que essas práticas e ferramentas estejam sempre em avaliação, visando à sua importância quanto ao seu grau de satisfação ao atendimento dos objetivos da organização, alinhadas, também, tanto com seus funcionários como com seus sistemas informacionais, pois, segundo Borges (2008), a utilização de informação, de conhecimento e das tecnologias de informação não é suficiente para alcançar um processo eficiente de desenvolvimento, mas o estabelecimento de uma estrutura de informação, de uma infraestrutura tecnológica na construção dos sistemas, das redes informacionais e de telecomunicações nas organizações é capaz de apoiar a produção, organização, acesso e uso da informação, e, consequentemente, do conhecimento.

Diante do exposto e com vistas à consecução do objetivo geral desta pesquisa – a proposição de um portfólio de práticas e ferramentas de GC para a Rede Bibliocontas, considera-se necessário fazer algumas considerações sobre as características deste tipo de produto com o qual se busca atender ao que se espera de um mestrado profissional.

Salienta-se que o modelo ora proposto teve como base os produtos de dissertação dos mestres: Márcia Valéria Alves (2019) e Pedro da Rocha Souza (2017), que fizeram parte do PPGIC da UFRN.

Quanto ao prazo de atualização do portfólio, a sugestão é que seja atualizado no início de cada gestão, o qual se propõe a auxiliar a elaboração do relatório final de cada gestão, que servirá de apoio à tomada de decisões, pois trará em seu conteúdo o acompanhamento detalhado das ações, projetos e atividades com recomendações passíveis ao aprimoramento da gestão da Rede.

Periodicamente, o portfólio deverá ser revisado, com fins de verificação de novos serviços que necessitam ser desenvolvidos em função das novas necessidades, visando a uma constante avaliação das atividades propostas dentro das práticas de GC, analisando suas utilidades, nível de funcionamento e uma constante disseminação do conhecimento.

O uso do portfólio fundamenta-se na busca em identificar, priorizar e selecionar as boas práticas focando no desenvolvimento dos trabalhos, verificando se estes estão sendo realizados de forma eficiente, em sintonia com os objetivos estratégicos da organização.

Corroborando, Alves (2019, p. 56, grifos nossos) afirma que "[...] há práticas e ferramentas que facilitam o trabalho da GC nas organizações do conhecimento, basta que *sejam direcionadas para cada tipo de ambiente de maneira adequada*". Portanto, nesse contexto de direcionamento é que se encaixa o uso do portfólio.

Em se tratando da caracterização do produto proposto, este terá formato digital, visto a facilidade de compartilhamento, bem como de acesso.

Quanto ao local de armazenamento, sugere-se o portal da Rede Bibliocontas, como também seu armazenado em nuvem, onde seja possível seu acompanhamento e atualização de forma colaborativa.

Na Figura 19, é apresentado um escopo do modelo de portfólio criado para a gestão do conhecimento da Rede Bibliocontas, apresentado anteriormente.

FIGURA 19 – Proposição de modelo de portfólio de ferramentas e práticas de GC para a Rede Bibliocontas

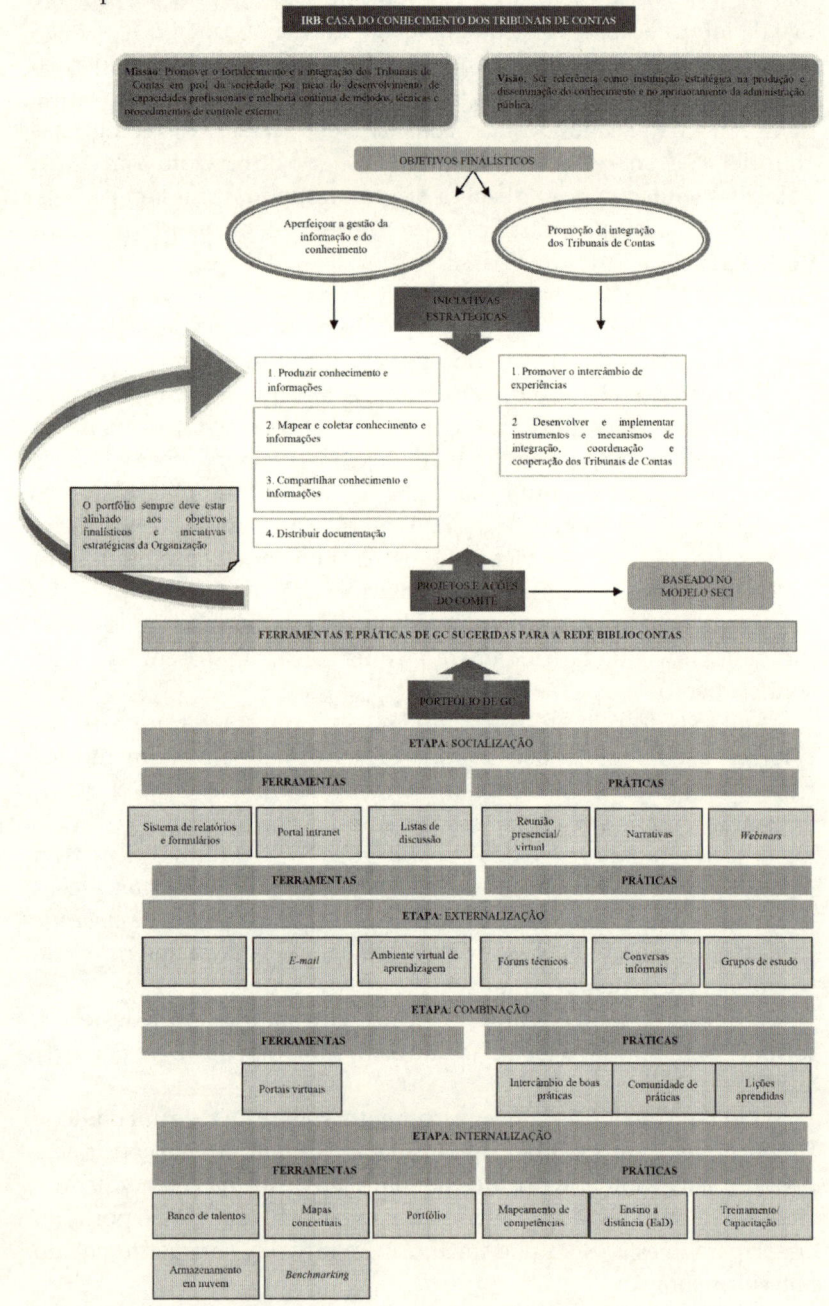

Fonte: Adaptado de: Souza (2017), Alves (2019) e Batista (2012).

Realizando a análise do portfólio proposto, a princípio, é sugerido que este esteja sempre alinhado com a organização à qual está vinculado, conforme sugerido por Batista (2012, p. 52), em seu modelo de gestão do conhecimento voltado para Administração Pública, o qual deve seguir os direcionadores estratégicos da organização: visão de futuro, missão, objetivos estratégicos, estratégias e metas, que, alinhados aos processos de GC (identificação, criação, armazenamento, comparti-lhamento e aplicação do conhecimento), geram resultados positivos, e, indubitavelmente, aumentam a eficiência e qualidade dos serviços prestados. Mattera (2014, p. 209) concorda que:

> A definição de uma estratégia, em que é necessário considerar sua missão, visão, objetivos estratégicos e o plano de negócios estabelecido, com vistas a identificar, em termos de conhecimentos, o que a organização dispõe e o que precisa desenvolver, captar ou adquirir para viabilizar seus objetivos.

Dessa forma, o portfólio elaborado tem que ser o espelho de sua organização, devendo subsidiar o aprimoramento da Rede Bibliocontas no alcance de seus objetivos, entre os quais está "[...] a promoção da cultura de disseminação da informação baseada nas atribuições constitucionais dos tribunais de Contas e órgãos afins e dos benefícios da gestão e compartilhamento da informação e do conhecimento" (INSTITUTO RUI BARBOSA, 2014).

Ademais, conforme figura propositiva, sugerem-se as seguintes características na implantação do portfólio:

- ter uma abordagem estratégica;
- lidar com objetivos finalísticos e iniciativas estratégicas da organização;
- proporcionar maior alinhamento entre os objetivos e projetos da organização, listando ações, projetos, atividades e outros trabalhos concomitantes;
- ser gerenciável;
- se adequar conforme os objetivos estratégicos da organização;
- requer monitoramento contínuo no ambiente de atuação;
- se concentrar em objetivos de médio e longo prazo e no planejamento estratégico da organização;
- ser contínuo.

Dando continuidade, o portfólio se consolida mediante sugestões de ferramentas e práticas de GC, fundamentadas mediante resultado do questionário aplicado aos profissionais da informação atuantes e usuários da Rede Bibliocontas, considerando também fatores demonstrados na matriz *SWOT*, resultado das dificuldades sinalizadas pelos informantes, o qual auxiliou na escolha das melhores práticas passíveis de implementação pelos membros da Rede, acompanhado das novas ferramentas que o avanço tecnológico disponibiliza.

Os aspectos utilizados na construção do portfólio de ferramentas e práticas de gestão do conhecimento para a Rede Bibliocontas foi estruturado mediante viabilizadores do modelo de gestão do conhecimento de Batista (2012), e na espiral do conhecimento de Nonaka e Takeuchi (2008), o que possibilitou estabelecer uma justaposição com a realidade estudada.

Para visualizar a sua aplicabilidade, fez-se necessário retomar os conceitos sobre cada etapa do modelo citado. Silva, Soffner e Pinhão (2004) sinalizam que:

- Socialização – é a conversão do conhecimento tácito para tácito, em que ocorre o processo de criar conhecimento tácito comum a partir da troca de experiência.
- Externalização – trata-se do processo de articular conhecimento tácito em conceitos explícitos. Geralmente, essa articulação é efetuada mediante metáforas, analogias, conceitos, hipóteses ou modelos.
- Combinação – processo de agregar conhecimentos explícitos, novos ou já existentes, num sistema de conhecimento, como um conjunto de especificações para um novo produto ou serviço, transformando-o em explícito.
- Internalização – é o processo de incorporar conhecimento explícito em tácito. Está geralmente relacionado com o aprender praticando.

Em seguida, serão apresentadas, em detalhes, práticas de GC e as ferramentas que servem de apoio ao seu gerenciamento sugerido no portfólio.

Acompanhando o entendimento apresentado pelas autoras, na etapa da socialização, foram elencadas algumas práticas, entre elas: a realização de reuniões, narrativas, palestras, conferências e *webinars*.

Em se tratando das reuniões, estas possibilitam a exposição e ajustes de entendimento entre os participantes quanto à operacionalização dos objetivos do comitê, visto que elas podem se realizar tanto em formato presencial como em virtual. Vale salientar que esta última modalidade se torna mais viável, devido à necessidade de locomoção entre os participantes, uma vez que eles fazem parte de TC em diferentes estados. Entretanto, a elaboração de cronograma prévio com as datas das reuniões a serem realizadas é uma boa estratégia para maior engajamento dos participantes, uma vez que oferta a possibilidade de se organizarem antecipadamente.

As narrativas podem ser utilizadas para descrever assuntos e situações mais complexos enfrentados pelo grupo, tendo a intenção de passar a experiência pessoal para um nível de conhecimento mais generalizado.

Fayol (1994, grifos no original) cita que uma narrativa dada se encontra ativamente assimilada ao esquema constituído pela experiência de um sujeito. De onde, as informações fornecidas pelo texto se submetem a uma filtragem, após o que serão submetidas a uma reorganização global em função dos conhecimentos já disponíveis e de uma busca de coerência.

A *webinar* é considerada uma prática de GC muito útil por ocorrer em sessões *on-line* e de forma interativa, em que "os apresentadores e participantes podem se envolver em comunicação bidirecional conforme acontecem" (SHETH, 2020). Complementando, cita-se ainda que "Os *webinars* beneficiam os apresentadores, pois permitem que eles compartilhem documentos de todos os tipos, como memorandos de voz, vídeos, apresentações e outros formatos diretamente com os participantes" (SHETH, 2020).

As ferramentas sugeridas nesta etapa foram os sistemas de relatórios e uso de formulários, podendo ser elaborados modelos específicos para atender ao bom funcionamento das práticas sugeridas, os portais corporativos e a elaboração de listas de discussão.

Os portais corporativos, sejam intranet ou extranet, possuem a função primordial de reunir e armazenar informações e experiências que servirão de suporte às ações e práticas da GC. "Os portais de compartilhamento facilitam o fluxo de informações e permitem gerir o conhecimento interno. Também auxiliam na união de diversos sistemas de informação automatizados em um único portal" (STRAUHS *et al.*, 2012, p. 82).

Em relação às listas de discussão, os autores citados mencionam que estas "[...] permitem relacionar conceitos e organizar repositórios de conhecimento explícito" (STRAUHS *et al.*, 2012, p. 82).

Na etapa da externalização, as práticas sugeridas foram: os fóruns técnicos, conversas informais e grupos de estudo. E as ferramentas, *WhatsApp*, *e-mail* e ambiente virtual de aprendizagem.

Os fóruns servem para troca de informações, em que há emissor e receptor. Em suma, que podem registrar e armazenar informações trocadas pelos usuários. "Os eventos/fóruns são canais integradores importantes para efetivação de uma comunidade de prática, cujo resultado propicia a transformação das pessoas, a formação de identidades e a negociação de significados" (SILVA *et al.*, 2012, p. 115).

As conversas informais podem permitir a troca de experiências mediante interação e entrosamento entre os envolvidos. As conversas informais podem ser uma ferramenta bastante útil e essencial, na prática da narrativa.

Em se tratando dos grupos de estudos, permitem o trabalho em conjunto, em que "[...] o objetivo é que cada um use sua criatividade e seus recursos para resolver problemas, além de criar ações capazes de resolver os desafios organizacionais", em comum acordo (RAMOS; HELAL, 2020).[22] Recomenda-se, após cada reunião do grupo, o registro do que foi tratado e acordado, para que se visualizem os avanços e sirvam de apoio às tomadas de decisões estratégicas da organização.

Sobre as ferramentas, foi indicado *WhatsApp*, *e-mail* e ambiente virtual de aprendizagem. O *WhatsApp*, é um aplicativo multiplataforma que utiliza a internet para envio e recebimento de mensagens instantâneas de maneira gratuita e ilimitada, pelo celular, *tablet* ou versão *web*.[23] A ferramenta oportuniza a criação de grupos específicos, e a Rede Bibliocontas já utiliza tal ferramenta, sendo totalmente eficaz na interação e na troca de documentos, áudios e vídeos. É possível, também, a realização de chamadas, tanto individuais como em grupo.

Os *e-mails* também já são utilizados pela Rede, sendo considerados uma forma de comunicação formal entre os membros, que visa à divulgação, sendo possíveis também o armazenamento e reutilização de informações e documentos para posterior consulta.

Já os ambientes virtuais de aprendizagem trata-se de uma ferramenta nova sugerida para a Rede, tendo como sua proposta aprimorar as competências informacionais dos usuários da Rede, derrubando a barreira geográfica, "[...] seria praticável utilizar as vantagens dos ambientes virtuais de aprendizagem (AVA) para construir e viabilizar programas de desenvolvimento em habilidades em informação" (SILVA; BORGES, 2015).

Estas ferramentas são "locais" que podem servir como um banco de dados, registrando e armazenando as informações trocadas pelos usuários (STRAUHS *et al.*, 2012, p. 47).

---

[22] Documento *on-line* não paginado.
[23] *Site* do WhatsApp (Disponível em: https://www.whatsapp.com/. Acesso em: 17 fev. 2023).

A etapa da combinação sugeriu práticas, intercâmbio de boas práticas, comunidade de práticas e lições aprendidas. Nas ferramentas, foram sugeridos armazenamento em nuvem, portais virtuais e técnica de *benchmarking*.

O intercâmbio de informações permite a construção e o compartilhamento de conhecimentos, sendo essencial na geração de novos conhecimentos agregados aos já existentes.

As comunidades de práticas foram bastante abordadas nesta pesquisa, sendo a ferramenta que a Rede Bibliocontas mais utiliza, uma vez que "[...] distinguem-se das equipes de trabalho por não fazerem parte da estrutura formal da organização. Vão além dos limites tradicionais dos grupos, pois são redes de trabalho que podem se estender bem além dos limites de uma organização" (STRAUHS *et al.*, 2012, p. 82).

Lições aprendidas é uma ferramenta idealizada com vistas a registrar e armazenar resultados de experiências adquiridas durante um período, podendo servir de consulta em tomadas de decisões. Para seu funcionamento efetivo, Cunha, Yokomizo e Capellini (2011) indicam a ocorrência de cinco passos básicos e essenciais: 1) conscientizar os membros da organização; 2) coletar e registrar experiências; 3) analisar sucessos e fracassos; 4) disseminar o conhecimento; e 5) manter atualizados os registros. Para que a ferramenta funcione, os envolvidos precisam ser motivados a registrar suas lições. É importante enfatizar que este documento tenha fácil acesso sempre que for requisitado.

Na última etapa, a internalização, foram visualizadas as práticas de mapeamento de competências, o ensino a distância e treinamentos e capacitações.

Destacando-se o mapeamento das competências, Strauhs *et al.* (2012, p. 82) indicam que "[...] a localização do conhecimento explícito por meio de documentos, relatórios e memória de reunião facilita a interação entre o interessado e o detentor desse conhecimento, além disso, identifica seu valor, utilidade e aplicabilidade".

Ensino a distância, treinamentos e capacitações estão intrinsecamente ligados, podendo fazer uso dos ambientes virtuais de aprendizagem nos aprimoramentos das necessidades informacionais dos usuários da Rede.

Nas ferramentas, vislumbrou-se: banco de talentos, mapas conceituais e portfólio.

O banco de talentos é proveniente da prática de mapeamento das competências, em que é possível criar "[...] um repositório de informações sobre a capacidade técnica, científica, artística e cultural das pessoas.

A forma mais simples é uma lista on-line do pessoal, contendo perfil da experiência e áreas de especialidade de cada usuário" (BATISTA, 2012, p. 76).

Os mapas conceituais, segundo Probst, Raub e Romhardt (2002 *apud* BATISTA, 2012, p. 87), "[...] envolve[m] vários níveis – indivíduo, grupo e organização [...] considerados propícios para capturar e registrar o conhecimento tácito".

Por fim, são citados os portfólios, sendo sugeridos e materializados nesta pesquisa como produto de intervenção para a Rede Bibliocontas.

Vale salientar que as sugestões contidas neste produto de intervenção poderão ser implementadas em outras organizações que possuam características semelhantes à Rede Bibliocontas, em que Johnson (2009, p. 119) acredita que "[...] os funcionários devem confiar que determinadas mensagens fluirão para locais específicos em momentos certos", visto que isso reduz a incerteza, conferindo previsão às atividades da empresa por meio de seus fluxos. "Algo que poderia levar a um diálogo melhor seria aumentar a base de conhecimento dos funcionários [...] os subordinados precisam entender que mensagens são relevantes para seus supervisores e quais são importantes para eles próprios" (GLAUSER, 1984 *apud* JOHNSON, 2011, p. 320).

Para tanto, é sugerido que se estabeleça um plano de ação, conforme o apresentado por Strauhs *et al.* (2012, p. 103), que contempla: contexto resumido; objetivos; justificativa; abrangência do plano na empresa; patrocinador(es); responsável; participantes do comitê; atribuições e responsabilidades; áreas envolvidas; infraestrutura (tecnologias, processos e pessoas) necessária; investimento necessário; prazos de execução; e estratégias de divulgação, de desenvolvimento e de acompanhamento (indicadores de avaliação). Concomitantemente, depois de desenvolvido pela equipe, o plano deve ser apresentado para os gestores da organização e validado por eles, para poderem ser garantidos os recursos necessários para sua efetivação.

CAPÍTULO 7

CONSIDERAÇÕES FINAIS

A realização desta pesquisa teve por objetivo geral a proposição de portfólio contendo ferramentas e práticas de GC que contribuam para a gestão da Rede Bibliocontas.

Para que o objetivo geral fosse alcançado, foram delineados quatro objetivos específicos, apresentados a seguir, juntamente com os resultados alcançados.

No que se refere ao primeiro objetivo específico, indicar as características das redes de conhecimento citadas na literatura brasileira, a pesquisa bibliográfica proporcionou embasamento teórico para afirmar um dos pressupostos da pesquisa, que foi a constatação de que a Rede Bibliocontas possui características de uma rede de conhecimento, sendo as principais: cooperação, criação, compartilhamento, inovação, produção e construção de conhecimento.

Em relação ao segundo objetivo específico, identificar na literatura brasileira ferramentas e práticas de gestão do conhecimento, fez-se uso também da pesquisa bibliográfica, que possibilitou identificar ferramentas e práticas adaptáveis a diferentes contextos organizacionais.

Considerando o terceiro objetivo específico, caracterizar a Rede Bibliocontas como rede de conhecimento, aplicou-se pesquisa documental, em que foi possível identificar que a Rede se configura como uma rede de conhecimento, tendo como características: compartilhar conhecimento, promover o intercâmbio de informações, incentivar a colaboração e interação entre os envolvidos e socializar as boas práticas.

Quanto ao quarto objetivo específico, analisar a percepção dos profissionais da informação atuantes nos TC do Brasil em relação às ferramentas e práticas de GC adequadas à Bibliocontas, foi aplicado questionário. Como resultado, além de mapear o perfil e o comportamento informacional dos informantes, foi possível perceber que muitos desses profissionais fazem uso e almejam diferentes ferramentas e práticas de GC, que vão além das já implantadas pela Rede nos últimos vinte anos. Pode-se concluir que os informantes consideram que o emprego de variadas ferramentas e práticas de gestão do conhecimento facilita o desenvolvimento e aperfeiçoamento da Rede.

E, a partir dos resultados, foi possível elaborar um portfólio contendo ferramentas e práticas de GC, o qual possui algumas características, como: abordagem estratégica, maior alinhamento com objetivos finalísticos e iniciativas estratégicas da organização, ser gerenciável, monitorado e contínuo.

No que se refere às limitações desta pesquisa, destaca-se a dificuldade de acesso a materiais informacionais físicos que dariam apoio à pesquisa, acesso que, na pandemia (Covid-19), tornou-se quase impossível, devido ao isolamento social sugerido pelos órgãos competentes, ocasionando o fechamento temporário de bibliotecas. Outro fato também gerado pela pandemia foi em relação ao espaço familiar, que teve que ser readequado e compartilhado com o estudo e trabalho laboral, o que, por diversas vezes, dificultou a dedicação para o andamento da pesquisa.

Outra limitação foi a baixa adesão ao questionário aplicado. Almejou-se a representatividade de, pelo menos, um membro de cada TC, e o que se obteve foi um percentual aproximado de 60%. Tal fato pode ser atribuído à falta de tempo para se debruçar em responder ao questionário, entre outros, que podem impactar negativamente na compreensão mais detalhada de ferramentas e práticas específicas a serem sugeridas no portfólio.

Pesem-se as limitações indicadas, os objetivos foram alcançados e são percebidas contribuições relevantes da pesquisa.

No nível acadêmico e científico, destaca-se a contribuição na identificação da lacuna existente de publicações sobre o campo de estudo, a Rede Bibliocontas, importante instrumento de apoio aos TC na transparência pública à informação.

Destaca-se, ainda, a visível contribuição deste trabalho, tanto no ponto de vista teórico quanto empírico, na lacuna existente de conhecimento e de pesquisas sobre o assunto redes de conhecimento, em sua forma aplicada, pela necessidade de desenvolvimento de produções científicas nesta área, em âmbito nacional.

Em se tratando de contribuições em âmbito institucional, a pesquisa se mostrou relevante quanto ao incentivo à interação e colaboração entre os profissionais da informação dos TC, proporcionando estratégias, ferramentas e práticas de gestão do conhecimento que auxiliem no apoio ao desenvolvimento das atividades cotidianas e às tomadas de decisões, que contribuem na redução de custos e rapidez na resolução de problemas.

Visualizou-se, também, a importância de realizar mapeamento das ações que já estão sendo realizadas pela Rede, visando servir de instrumento para elaboração de relatório técnico sobre a atuação daquela, nos últimos 20 anos, ou, pelo menos, por biênio.

Do ponto de vista social, o trabalho visa contribuir com o fortalecimento de uma rede de conhecimento, no âmbito de uma organização da Administração Pública. Os resultados beneficiarão também os cidadãos, que se privilegiarão de organizações públicas mais eficazes.

Considerando a proposição do portfólio, é sugerido que a Rede Bibliocontas adote um sistema de informação em que seja possível acompanhar as ações planejadas ao fim de cada gestão, no intuito de avaliar e saber se as ferramentas e práticas sugeridas foram satisfatórias, atendendo aos objetivos estratégicos da organização.

O uso do portfólio fundamentou-se em identificar, priorizar e selecionar as melhores ferramentas e práticas a serem implementadas à Rede Bibliocontas, no intuito de melhor auxiliar na execução e acompanhamento do desenvolvimento das atividades, verificando se estão sendo realizados de forma eficiente, em sintonia com os objetivos estratégicos da organização. Contudo, o produto passará por fase de testes e posterior avaliação. Isso se faz necessário, no intuito de avaliar a aplicabilidade do produto proposto.

Outro ponto positivo do uso do portfólio é a oportunidade de acompanhar o andamento das atividades da gestão, a fim de realizar um apanhado final que possa compor um relatório de indicadores de gestão.

No que se refere a pesquisas futuras, é sugerido que seja feito um estudo mais aprofundado sobre as diversas necessidades informacionais dos profissionais dos TC, com vistas a identificar lacunas de conhecimento, bem como identificar indivíduos com talentos diversificados, que proporcionaria a criação de um banco de talento amplo, que fosse utilizado nas capacitações, treinamentos e palestras com temas voltados ao interesse mútuo.

Propõe-se, para estudos futuros, a elaboração de um modelo de portfólio voltado para o acompanhamento e registro das atividades das organizações, sendo definido um plano de ação para implantação e gerenciamento daquele.

Constatou-se, posteriormente, a necessidade de um estudo mais aprofundado sobre os termos aplicados pelos autores em seus artigos, no que tange às ferramentas e práticas de GC, o que ocasionou dificuldade no entendimento sobre a diferença aplicável de tais termos.

Por fim, presume-se que o produto gerado nesta pesquisa poderá ser útil em outros contextos, uma vez que sua metodologia é potencialmente reprodutível em organizações similares à Rede Bibliocontas.

REFERÊNCIAS

AIHARA, Célia Hatsumi *et al*. Knowledge management in startup accelerators: study of processes, practices and information technology tools used in Brazil. *Revista Brasileira de Gestão e Desenvolvimento Regional*, v. 18, n. 3, p. 119-131, 2022. Disponível em: https://www.rbgdr.net/revista/index.php/rbgdr/article/view/5646. Acesso em: 13 dez. 2022.

ALBA, Rafael Dall; FERLA, Alcindo Antônio; POSSA, Lisiane Bôer. Informação e comunicação em redes de prática como educação permanente: o caso da estação escola GHC do Observatório de Tecnologias de Informação e Comunicação em Sistemas e Serviços de Saúde. *Revista Eletrônica de Comunicação, Informação e Inovação em Saúde*, v. 6, n. 2, p. 1-14, 2012. Disponível em: https://brapci.inf.br/index.php/res/v/132621. Acesso em: 21 dez. 2022.

ALCANTARA, Frank Coelho de; SILVA, Helena de Fátima Nunes; TSUNODA, Denise Fukumi. Redes de conhecimento sob a ótica das redes complexas. *DataGramaZero*, v. 14, n. 1, p. 1-10, 2013. Disponível em: https://brapci.inf.br/index.php/res/v/7716. Acesso em: 21 dez. 2022.

ALVARES, Lillian Maria Araújo de Rezende; AMARO, Bianca; ASSIS, Tainá Batista de. A participação do bibliotecário na gestão da informação e do conhecimento institucional. *In*: IPEA (Org.). *Biblioteca do século XXI*: desafios e perspectivas. 1. ed. Brasília: Editora IPEA, 2016. v. 1.

ALVES, M. V.; OLIVEIRA, M. A. D. de. Gestão de unidades de informação: o bibliotecário como gestor e líder. *BiblioCanto*, v. 2, n. 1, p. 70-82, 27 dez. 2016. Disponível em: https://periodicos.ufrn.br/bibliocanto/article/view/9625. Acesso em: 1 jun. 2021.

ALVES, Márcia Valéria. *Gestão do conhecimento*: proposição de portfólio de ferramentas e práticas para a Biblioteca Central Zila Mamede. 2019. 203 f. Dissertação (Mestrado Profissional em Gestão da Informação e do Conhecimento) – Centro de Ciências Sociais Aplicadas, Universidade Federal do Rio Grande do Norte, Natal, 2019. Disponível em: https://repositorio.ufrn.br/handle/123456789/28325. Acesso em: 14 dez. 2022.

ARAMUNI, João Paulo Carneiro; MAIA, Luiz Cláudio Gomes; MUYLDER, Cristiana Fernandes de. Filosofia ágil aplicada à gestão do conhecimento: um mapeamento sistemático da literatura. *Ciência da Informação*, v. 48, n. 1, p. 203-2017, 2019. Disponível em: https://brapci.inf.br/index.php/res/v/111552. Acesso em: 14 dez. 2022.

ARRUDA, Henrique F. de *et al*. Knowledge acquisition: a complex networks approach. *Information Sciences*, v. 421, p. 154-166, 2017. Disponível em: https://www-sciencedirect.ez18.periodicos.capes.gov.br/science/article/pii/S0020025517309295?via%3Dihub. Acesso em: 14 dez. 2022.

BALTAZAR, N.; AGUADED, I. Weblogs como recurso tecnológico numa nova educação. *Revista de Recensões de Comunicação e Cultura*, 2005. Disponível em: http://bocc.ufp.pt/pag/aguaded-baltazar-weblogs-recurso-tecnologico-nova-educacao.pdf. Acesso em: 23 jan. 2022.

BARBOSA, Ricardo Rodrigues. Gestão da informação e do conhecimento: origens, polémicas e perspectivas. *Informação e Informação*, Londrina, v. 13, p, 1-25, 2008. Número Especial. Disponível em: http://www.uel.br/revistas/uel/index.php/informacao/article/view/1843/1556. Acesso em: 7 ago. 2020.

BARBOSA, Ricardo Rodrigues; NASSIF, Mônica Erichsen. Práticas de gestão e de tecnologia da informação e seu relacionamento com o desempenho organizacional. *Perspectivas em Gestão & Conhecimento*, v. 2, p. 104-117, 2012. Número Especial. Disponível em: https://brapci.inf.br/index.php/res/v/53044. Acesso em: 14 dez. 2022.

BARDIN, Laurence. *Análise de conteúdo*. Lisboa: Edições 70, 1995.

BARRETO, Aldo Albuquerque. A informação em seus momentos de passagem. *DataGramaZero*, v. 2, n. 4, 2001. Disponível em: http://hdl.handle.net/20.500.11959/brapci/6858. Acesso em: 5 ago. 2022.

BARRETO, Aldo Albuquerque. As tecnoutopias do saber: redes interligando o conhecimento. *DataGramaZero*, v. 6, n. 6, p. 1-10, 2005. Disponível em: https://brapci.inf.br/index.php/res/v/6584. Acesso em: 21 dez. 2022.

BATISTA, Fábio Ferreira. *Modelo de gestão do conhecimento para a administração pública*: como implementar a gestão do conhecimento para produzir resultados em benefício do cidadão. Brasília: Ipea, 2012. 132 p. Disponível em: https://bit.ly/3QSIwDg. Acesso em: 7 jul. 2022.

BELLUZZO, Regina Célia Baptista. O conhecimento, as redes e a competência em informação (COINFO) na sociedade contemporânea: uma proposta de articulação conceitual. *Perspectivas em Gestão & Conhecimento*, v. 4, p. 48-63, 2014. Disponível em: https://periodicos.ufpb.br/ojs/index.php/pgc/article/view/21276. Acesso em: 23 maio 2022.

BEM, Roberta Moraes; COELHO, Christianne Coelho de Souza Reinisch. Aplicações da gestão do conhecimento na área de biblioteconomia e ciência da informação: uma revisão sistemática. *Brazilian Journal of Information Science*, v. 7, n. 1, p. 69-97, 2013. Disponível em: https://brapci.inf.br/index.php/res/v/14394. Acesso em: 14 dez. 2022.

BEM, Roberta Moraes; COELHO, Christianne Coelho de Souza Reinisch. Instrumentos de representação do conhecimento para práticas de gestão do conhecimento: taxonomias, tesauros e ontologias. *InCID: Revista de Ciência da Informação e Documentação*, v. 4 n. 1, p. 147-162, 2013. Disponível em: https://brapci.inf.br/index.php/res/v/39837. Acesso em: 14 dez. 2022.

BOISOT, Max. The creation and sharing of knowledge. *In*: CHOO, Chun Wei; BONTIS, Nick. *The strategic management of intellectual capital and organizational knowledge*. New York: Oxford, 2002. p. 65-77.

BORGES, Maria Alice Guimarães. A informação e o conhecimento como insumo ao processo de desenvolvimento. *Revista Ibero-Americana de Ciência da Informação*, v. 1, n. 2, p. 175-196, 2008. Disponível em: https://periodicos.unb.br/index.php/RICI/article/view/1249. Acesso em: 13 mar. 2021.

BRASIL. Lei nº 12.527, de 18 de novembro de 2011. Regula o acesso à informação e dá outras providências. *Diário Oficial da União*, Brasília/DF, 2011. Disponível em: https://www.planalto.gov.br/ccivil_03/_ato2011-2014/2011/lei/l12527.htm. Acesso em: 29 jan. 2023.

BRASIL. Lei nº 12.990, de 9 de junho de 2014. Reserva aos negros 20% (vinte por cento) das vagas oferecidas nos concursos públicos [...]. *Diário Oficial da União*, Brasília/DF, 2014. Disponível em: https://www.planalto.gov.br/ccivil_03/_ato2011-2014/2014/lei/l12990.htm. Acesso em: 10 jan. 2023.

BRASIL. Portaria nº 290, de 29 de setembro de 2016. *Diário Oficial [da] República Federativa do Brasil*, Brasília/DF, Seção 1, n. 189, p. 131, 29 set. 2016. Disponível em: httpshttps://www.gov.br/conarq/pt-br/legislacao-arquivistica/portarias-federais/portaria-no-290-de-29-de-setembro-de-2016. Acesso em: 2 ago. 2022.

BRASIL. Universidade Federal do Rio Grande do Norte. Programa de Pós-Graduação em Gestão da Informação e do Conhecimento – PPGIC. *Edital nº 02/2017*. Natal/RN, 2017. Disponível em: https://sigaa.ufrn.br/sigaa/verProducao?idProducao=4258498&key=f44d3d-ba61394c3990e81dbb7d7a8825. Acesso em: 24 jan. 2023.

BUKOWITZ, Wendi R.; WILLIAMS, Ruth L. *Manual de gestão do conhecimento*. Porto Alegre: Bookman, 2002.

CASTILLO, Lucio Abimael Medrano; CAZARINI, Edson Walmir. Knowledge management practices in technology parks: case study – Technology Park TECNOPUC. *Gestão & Produção*, v. 26, n. 3, p. 1-14, 2019. Disponível em: https://www.scielo.br/j/gp/a/bwVJKpZFH4wKgf7KVc83YJz/?lang=en. Acesso em: 13 dez. 2022.

CHOO, Chun Wei. *A organização do conhecimento*: como as organizações usam a informação para criar significado, construir conhecimento e tomar decisões. São Paulo: Senac, 2003.

CHOO, Chun Wei. *A organização do conhecimento*: como as organizações usam a informação para criar significado, construir conhecimento e tomar decisões. Tradução de Eliana. E. Rocha. São Paulo: Senac, 2006.

COOPER, William S. A definition of relevance for information retrieval. *Information Storage and Retrieval*, v. 7, n. 1, p. 21-29, 1971. Disponível em: https://www.sciencedirect.com/science/article/abs/pii/0020027171900246. Acesso em: 14 dez. 2022.

COSER, M. A.; CARVALHO. H. G. Práticas de gestão do conhecimento em empresas de software: grau de contribuição ao processo de especificação de requisitos. *GEPROS – Gestão da Produção, Operações e Sistema*, ano 7, n. 2, p. 109-122, abr./jun. 2012.

COSTANZO, Bruno Pontes; SÁNCHEZ, Luís Enrique. Gestão do conhecimento em empresas de consultoria ambiental. *Production*, v. 24, n. 4, p. 742-759, 2014. Disponível em: https://www.scielo.br/j/prod/a/HsyCKHSR4JNtnB4qkPDvFfv/?lang=pt. Acesso em: 14 dez. 2022.

CUNHA, J. A. C.; YOKOMIZO, C. A.; CAPELLINI, G. A. Gestão do conhecimento em transnacionais: o ambiente organizacional como instrumento disseminador. *Journal of Information Systems and Technology Management*, v. 8, n. 1, p. 213-236. 2011.

DALTON, Kathryn *et al*. Marine-Related Learning Networks: shifting the paradigm toward collaborative ocean governance. *Frontiers in Marine Science*, v. 7, p. 1-16, 2020. Disponível em: https://www.frontiersin.org/articles/10.3389/fmars.2020.595054/full. Acesso em: 14 dez. 2022.

DAVENPORT, Thomas. H. *Ecologia da informação*: por que só a tecnologia não basta para o sucesso na era da informação. São Paulo: Futura, 1998. Disponível em: https://ppgic.files.wordpress.com/2018/07/davenport-t-h-2002.pdf. Acesso em: 25 jul. 2021.

DIAS, Maria Matilde Kronka; BELLUZZO, Regina Célia Baptista. *Gestão da informação em ciência e tecnologia sob a ótica do cliente*. São Paulo: EDUSC, 2003. 186 p.

DOMENICO, Quêti Di *et al*. Gestão do conhecimento, tendências e inovações sob a ótica de bibliotecas universitárias brasileiras. *Revista Brasileira de Biblioteconomia e Documentação*, v. 17, p. 1-20, 2021. Disponível em: https://brapci.inf.br/index.php/res/v/168784. Acesso em: 14 dez. 2022.

DUDZIAK, Elisabeth Adriana. Competência informacional: análise evolucionária das tendências da pesquisa e produtividade científica em âmbito mundial. *Informação e Informação*, Londrina, v. 15, n. 2, p. 1-22, jul./dez. 2010. Disponível em: http://dx.doi. org/10.5433/1981-8920.2010v15n2p.1. Acesso em: 20 jun. 2021.

DUDZIAK, Elisabeth Adriana. Information literacy: princípios, filosofia e práticas. *Ciência da Informação*, Brasília, DF, v. 32, n. 1, p. 23-35, jan./abr. 2003. Disponível em: http://revista. ibict.br/ciinf/article/view/1016. Acesso em: 15 jun. 2021.

DUDZIAK, Elizabeth Adriana. *A information literacy e o papel educacional das bibliotecas*. Dissertação (Mestrado em Ciências da Comunicação)¨– Escola de Comunicações e Artes, Universidade de São Paulo, São Paulo, 2001.

DUDZIAK, Elizabeth Adriana. Competência em informação: melhores práticas educacionais voltadas para a information literacy. 2005. *In*: CONGRESSO BRASILEIRO DE BIBLIOTECONOMIA, DOCUMENTAÇÃO E CIÊNCIA DA INFORMAÇÃO, 21. *Conference paper...* Curitiba: [s.n.], 2005. Disponível em: http://eprints.rclis.org/6876/. Acesso em: 20 jun. 2021.

EBERS, Mark; JARILLO, J. Carlos. The construction, forms, and consequences of industry networks. *International Studies of Management and Organization*, v. 27, p. 3-21, 1998. Disponível em: https://www.jstor.org/stable/40397385. Acesso em: 14 dez. 2022.

FARIAS, Gabriella Belmont de; BATISTA, Andreza Pereira. Gestão da informação científica e tecnológica: relações temáticas dos projetos de iniciação científica da Universidade Federal do Ceará. *Revista Ibero-Americana de Ciência da Informação*, v. 13, n. 2, p. 592-602, 2020. Disponível em: https://brapci.inf.br/index.php/res/v/141307. Acesso em: 21 dez. 2022.

FAYOL, M. *Le récit et sa constuction*. Paris: Delachaux & Niestlé, 1994. Disponível em: https://www.persee.fr/doc/rfp_0556-7807_1986_num_76_1_2401_t1_0094_0000_3. Acesso em: 13 dez. 2022.

FERNÁNDEZ, Vidalina J. de Freitas *et al*. Tecnologías de información y comunicación en gestión del conocimiento en instituciones de educación superior de América Latina. *Ciência da Informação*, v. 51, n. 2, p. 78-96, 2022. Disponível em: https://brapci.inf.br/index. php/res/v/193889 Acesso em: 14 dez. 2022.

FERREIRA, Liliane Juvência Azevedo; ALVARES, Lillian Maria Araújo de Rezende; MARTINS, Dalton Lopes. A gestão do conhecimento e a análise de redes sociais: um estudo aplicado no Sistema de Bibliotecas da Universidade Federal de Goiás. *Informação & Sociedade: Estudos*, v. 27, n. 2, p. 145-168, 2017. Disponível em: https://brapci.inf.br/ index.php/res/v/91021. Acesso em: 21 dez. 2022.

FERRO, Celso Moreira; MORESI, Eduardo Amadeu Dutra. Inteligência organizacional: identificação das bases doutrinárias para a investigação criminal. *DataGramaZero*, v. 9, n. 1, p. 1-21, 2008. Disponível em: https://brapci.inf.br/index.php/res/v/6207. Acesso em: 21 dez. 2022.

FIORINI, Daniela Bissoli *et al*. Sala de aula invertida com aprendizagem baseada em problemas e orientação por meio de projeto, apoiada pela gestão do conhecimento. *Acta Scientiarum – Education*, v. 44, n. 1, p. e53601, 2022. Disponível em: https://periodicos.uem. br/ojs/index.php/ActaSciEduc/article/view/53601. Acesso em: 13 dez. 2022.

FLICK, Uwe. *Introdução à pesquisa qualitativa*. 3ª ed. Porto Alegre: Artmed, 2009.

FÓRUM NACIONAL DE BIBLIOTECÁRIOS DOS TRIBUNAIS DE CONTAS, 1., 2003, Recife. *Carta Compromisso*. Recife: TCE-PE, 2003a. Disponível em: encurtador.com.br/ fyD12. Acesso em: 25 dez. 2022.

FÓRUM NACIONAL DE BIBLIOTECÁRIOS DOS TRIBUNAIS DE CONTAS, 1., 2003, Recife. *Protocolo de intenções*. Recife: TCE-PE, 2003b. Disponível em: encurtador.com.br/bjmM3. Acesso em: 25 dez. 2022.

FÓRUM NACIONAL DE BIBLIOTECÁRIOS DOS TRIBUNAIS DE CONTAS, 1., 2003, Recife. *Relatório final*. Recife: TCE-PE, 2003c. Disponível em: encurtador.com.br/wyEF2. Acesso em: 25 dez. 2022.

FÓRUM NACIONAL DE BIBLIOTECÁRIOS DOS TRIBUNAIS DE CONTAS, 2., 2005, Porto Alegre. *Carta Compromisso*. Porto Alegre: TCE-RS, 2005a. Disponível em: encurtador.com.br/nrH49. Acesso em: 25 dez. 2022.

FÓRUM NACIONAL DE BIBLIOTECÁRIOS DOS TRIBUNAIS DE CONTAS, 2., 2005, Porto Alegre. *Protocolo de Intenções*. Porto Alegre: TCE-RS, 2005b. Disponível em: encurtador.com.br/prFK6. Acesso em: 25 dez. 2022

FÓRUM NACIONAL DE BIBLIOTECÁRIOS DOS TRIBUNAIS DE CONTAS, 2., 2005, Porto Alegre. *Relatório Final*. Porto Alegre: TCE-RS, 2005c. Disponível em: encurtador.com.br/sxEHJ. Acesso em: 25 dez. 2022.

FÓRUM NACIONAL DE BIBLIOTECÁRIOS E ARQUIVISTAS DOS TRIBUNAIS DE CONTAS, 3., 2008, Recife. *Protocolo de Intenções*. Recife: TCE-PE, 2008a. Tema: Bibliotecas e Arquivos: TCE do conhecimento sem fronteiras. Disponível em: encurtador.com.br/mTUV8. Acesso em: 25 dez. 2022.

FÓRUM NACIONAL DE BIBLIOTECÁRIOS E ARQUIVISTAS DOS TRIBUNAIS DE CONTAS, 3., 2008, Recife. *Relatório Final*. Recife: TCE-PE, 2008b. Tema: Bibliotecas e Arquivos: TCE do conhecimento sem fronteiras. Disponível em: encurtador.com.br/aeBTU. Acesso em: 25 dez. 2022.

FÓRUM NACIONAL DE BIBLIOTECÁRIOS E ARQUIVISTAS DOS TRIBUNAIS DE CONTAS, 4., 2010, Rio de Janeiro. *Carta Compromisso*. Rio de Janeiro: TCM-RJ, 2010a. Tema: Compartilhando informações: um olhar para o controle externo. Disponível em: encurtador.com.br/ctz26. Acesso em: 25 dez. 2022.

FÓRUM NACIONAL DE BIBLIOTECÁRIOS E ARQUIVISTAS DOS TRIBUNAIS DE CONTAS, 4., 2010, Rio de Janeiro. *Protocolo de Intenções*. Rio de Janeiro: TCM-RJ, 2010b. Tema: Compartilhando informações: um olhar para o controle externo. Disponível em: encurtador.com.br/eirHO. Acesso em: 25 dez. 2022.

FÓRUM NACIONAL DE BIBLIOTECÁRIOS E ARQUIVISTAS DOS TRIBUNAIS DE CONTAS, 4., 2010, Rio de Janeiro. *Relatório Final*. Rio de Janeiro: TCM-RJ, 2010c. Tema: Compartilhando informações: um olhar para o controle externo. Disponível em: encurtador.com.br/yKOY3. Acesso em: 25 dez. 2022.

FÓRUM NACIONAL DE BIBLIOTECÁRIOS E ARQUIVISTAS DOS TRIBUNAIS DE CONTAS, 5., 2012, Florianópolis. *Carta Compromisso*. Florianópolis: TCE-SC, 2012. Tema: Profissionais da informação: qual o nosso papel nos Tribunais de Contas?. Disponível em: encurtador.com.br/joVX7. Acesso em: 25 dez. 2022.

FÓRUM NACIONAL DE BIBLIOTECÁRIOS E ARQUIVISTAS DOS TRIBUNAIS DE CONTAS, 6., 2014, Salvador. *Carta Compromisso*. Salvador: TCE-BA, 2014. *Tema: Cooperação na Web 2.0*. Disponível em: encurtador.com.br/bmtEF. Acesso em: 25 dez. 2022.

FÓRUM NACIONAL DE BIBLIOTECÁRIOS E ARQUIVISTAS DOS TRIBUNAIS DE CONTAS (BIBLIOCONTAS), 7., 2016, Brasília-DF. *Carta Compromisso*. Brasília-DF: *TCDF*, 2016. Tema: Sistema de gestão da informação: modelos e aplicações. Disponível em: encurtador.com.br/tIPR5. Acesso em: 25 dez. 2022.

FÓRUM NACIONAL DE BIBLIOTECÁRIOS E ARQUIVISTAS DOS TRIBUNAIS DE CONTAS (BIBLIOCONTAS), 8., 2018, Fortaleza. *Carta Compromisso*. Fortaleza: *TCE-CE*, 2018. Tema: Rede de Conhecimento: ambientes colaborativos informacionais. Disponível em: encurtador.com.br/gszCY. Acesso em: 25 dez. 2022.

FÓRUM NACIONAL DE BIBLIOTECÁRIOS E ARQUIVISTAS DOS TRIBUNAIS DE CONTAS, 9., 2020, Curitiba. *Carta Compromisso*. Curitiba: TCE-PR, 2020. Disponível em: encurtador.com.br/deqT3. Acesso em: 25 dez. 2022.

FÓRUM NACIONAL DE BIBLIOTECÁRIOS E ARQUIVISTAS DOS TRIBUNAIS DE CONTAS, 10., 2022, Rio de Janeiro. *Carta Compromisso*. Rio de Janeiro: *TCE-RJ*, 2022. Disponível em: Acesso em: 25 dez. 2022.

FRANCO, Angela Helen Claro. *Inteligência coletiva*: manifestações nos ambientes digitais. 2018. 139 f. Tese (Doutorado) – Curso de Doutorado em Ciência da Informação, Departamento de Pós-Graduação em Ciência da Informação, Programa de Pós-Graduação em Ciência da Informação, Universidade Estadual Paulista, Marília, 2018. Disponível em: https://repositorio.unesp.br/handle/11449/152741. Acesso em: 30 jul. 2020.

FREITAS, Isabel Maria Bodas; MARQUES, Rosane Argou; SILVA, Evando Mirra de Paula e. University-industry collaboration and innovation in emergent and mature industries in new industrialized countries. *Research Policy*, v. 42, n. 2, p. 443-453, 2013. Disponível em: https://ideas.repec.org/a/eee/respol/v42y2013i2p443-453.html. Acesso em: 14 dez. 2022.

FREITAS, Rodrigo Castro *et al*. Práticas do pensamento enxuto para a gestão estratégica da informação e do conhecimento. *Encontros Bibli: Revista Eletrônica de Biblioteconomia e Ciência da Informação*, v. 23, p. 76-89, 2018. Número Especial. Disponível em: https://brapci.inf.br/index.php/res/v/37305. Acesso em: 14 dez. 2022.

FRESNEDA, Paulo Sérgio Vilches; GONÇALVES, Sonia Maria Goulart. *A experiência brasileira na formulação de uma proposta de política de gestão do conhecimento para a administração pública federal*. Brasília: Câmara dos Deputados, Coordenação de Publicações, 2007. (Série temas de interesse do legislativo, 13). Disponível em: https://docs.bvsalud.org/biblioref/ses-sp/2007/ses-18172/ses-18172-1926.pdf. Acesso em: 22 ago. 2022.

GARCIA, Renato *et al*. Desenvolvimento local e desconcentração industrial: uma análise da dinâmica do sistema local de empresas de eletrônica de Santa Rita do Sapucaí e suas implicações de políticas. *Nova Economia*, Belo Horizonte, v. 25, n. 1, p. 105-122, 2015. Disponível em: https://www.scielo.br/j/neco/a/6CwqdvCWNg7cBm46xZ789dC/?lang=pt. Acesso em: 14 dez. 2022.

GASPAR, Marcos Antonio *et al*. Gestão do conhecimento em empresas atuantes na indústria de software no Brasil: um estudo das práticas e ferramentas utilizadas. *Informação & Sociedade: Estudos*, v. 26, n. 1, p. 151-166, 2016. Disponível em: https://brapci.inf.br/index.php/res/v/91930. Acesso em: 14 dez. 2022.

GIL, Antônio Carlos. *Como elaborar projetos de pesquisa*. 4. ed. São Paulo: Atlas, 2002.

GONÇALVES, Glauber Dias *et al*. Trabalho colaborativo em serviços de armazenamento na nuvem: uma análise do Dropbox. *34º Simpósio Brasileiro de Redes de Computadores e Sistemas Distribuídos – SBRC*, p. 1-14, 2016. Disponível em: http://netlab.ice.ufjf.br/publications/2016/goncalvesSBRC2016.pdf. Acesso em: 1º jan. 2023.

HORS, Cora *et al*. Aplicação das ferramentas de gestão empresarial Lean Seis Sigma e PMBOK no desenvolvimento de um programa de gestão da pesquisa científica. *Einstein*, São Paulo, v. 10, n. 4, p. 480-490, 2012. Disponível em: https://www.scielo.br/j/eins/a/THPZw9KS9MmVbFRSVszDH9x/abstract/?lang=pt#. Acesso em: 14 dez. 2022.

INSTITUTO RUI BARBOSA. *Estatuto da Rede Bibliocontas*. Salvador: IRB, 2014. Disponível em: encurtador.com.br/wIMN5. Acesso em: 12 jun. 2020.

INSTITUTO RUI BARBOSA. *Logo oficial da Bibliocontas*. 2022. Disponível em: https://irbcontas.org.br/bibliocontas/. Acesso em: 1º jan. 2023.

JANNUZZI, Celeste Aída Rirotheau Corrêa *et al.* Gestão do conhecimento: um estudo de modelos e sua relação com a inovação nas organizações. *Perspectivas em Ciência da Informação*, v. 21, n. 1, p. 97-118, 2016. Disponível em: http://hdl.handle.net/20.500.11959/brapci/35763. Acesso em: 6 ago. 2022.

JARVENPAA, Sirkka L.; TANRIVERDI, Huseyin. Leading virtual knowledge networks. *Organizational Dynamics*, v. 31, n. 4, p. 403-412, 2003. Disponível em: https://www.researchgate.net/publication/247142548_Leading_Virtual_Knowledge_N etworks. Acesso em: 13 dez. 2022.

JOHNSON, J. David. *Gestão de redes de conhecimento*. São Paulo: Senac, 2011.

JORDÃO, Ricardo Vinícius Dias. Práticas de gestão da informação e do conhecimento em pequenas e médias empresas organizadas em rede: um estudo multicasos na indústria brasileira. *Perspectivas em Ciência da Informação*, v. 20, n. 3, p. 178-199, 2015. Disponível em: https://brapci.inf.br/index.php/res/v/36183. Acesso em: 21 dez. 2022.

JORDÃO, Ricardo Vinícius Dias; NOVAS, Jorge Casas. Information and knowledge management, intellectual capital, and sustainable growth in networked small and medium enterprises. *Journal of the Knowledge Economy*, p. 1-33, 2022. Disponível em: https://link.springer.com/article/10.1007/s13132-022-01043-5. Acesso em: 14 dez. 2022.

JORDÃO, Ricardo Vinícius Dias; NOVAS, Jorge Casas. Knowledge management and intellectual capital in networks of small and medium-sized enterprises. *Journal of Intellectual Capital*, v. 18, n. 3, p. 667-692, 2017. Disponível em: https://www.emerald.com/insight/content/doi/10.1108/JIC-11-2016-0120/full/html. Acesso em: 14 dez. 2022.

JORGE, Carlos Francisco Bitencourt; VALENTIM, Marta Lígia Pomim. A importância do mapeamento das redes de conhecimento para a gestão da informação e do conhecimento em ambientes esportivos: um estudo de caso no Marília Atlético. *Perspectivas em Ciência da Informação*, v. 21, n. 1, p. 152-172, 2016. Disponível em: https://brapci.inf.br/index.php/res/v/37441. Acesso em: 21 dez. 2022.

JORGE, Carlos Francisco Bitencourt; VALENTIM, Marta Lígia Pomim; SUTTON, Michael J.D. Redes de conhecimento como estratégia de inovação na indústria alimentícia: um estudo de caso na Danilla Foods. *Informação & Sociedade: Estudos*, v. 30, n. 2, p. 1-22, 2020. Disponível em: https://brapci.inf.br/index.php/res/v/148005. Acesso em: 21 dez. 2022.

KAYSER, Marcos. O que é Balanced Scorecard (BSC)? Saiba como implantá-lo no negócio! *Scopi*, 2021. Disponível em: https://scopi.com.br/blog/o-que-e-balanced-scorecard-bsc/. Acesso em: 30 jan. 2023.

LACOMBE, Francisco José Masset; HEILBORN, Gilberto Luiz José. *Recursos humanos*: princípios e tendências. São Paulo: Saraiva, 2011.

LAPA, Jorge Eduardo Pimentel da; RODRIGUEZ, Tomás Daniel Menendez. Modelo de arquitetura de portal corporativo com ênfase à gestão do conhecimento. *Ciência da Informação*, v. 45, n. 1, p. 88-110, 2016. Disponível em: https://brapci.inf.br/index.php/res/v/18193. Acesso em: 14 dez. 2022.

LASTRES, Helena Maria Martins. Redes de inovação e as tendências internacionais da nova estratégia competitiva industrial. *Ciência da Informação*, Brasília, v. 24, n. 1, p. 126-132, jan./abr. 1995. Disponível em: http://www.ijsn.es.gov.br/ConteudoDigital/20180720_ciencia-dainformacao_v.24_n.1_1995_p.126_132_pdf. Acesso em: 13 dez. 2022.

LÉVY, Pierre. *A inteligência coletiva*: por uma antropologia do ciberespaço. 6. ed. São Paulo: Edições Loyola, 2010.

LIRA, Suzana de Lucena; DUARTE, Emeide Nóbrega. *Comunidade de prática com foco em gestão do conhecimento*: modelo para o ambiente contábil de universidades federais brasileiras. João Pessoa: Editora UFPB, 2020.

LOUREIRO, Rogerio Salles *et al.* Compartilhamento e proteção do conhecimento: um estudo realizado em uma empresa de conhecimento intensivo do setor sucroenergético. *Perspectivas em Ciência da Informação*, v. 23, n. 3, p. 167-187, 2018. Disponível em: https://brapci.inf.br/index.php/res/v/93382. Acesso em: 14 dez. 2022.

MACEDO, Valéria *et al.* O uso do aplicativo WhatsApp nas práticas de gestão do conhecimento: o caso de uma comunidade virtual informal de profissionais na área de tecnologia. *Perspectivas em Gestão & Conhecimento*, v. 8, p. 135-150, 2018. Número Especial. Disponível em: https://brapci.inf.br/index.php/res/v/105763. Acesso em: 14 dez. 2022.

MACHADO, Erika Santos *et al.* Capital Intelectual e Gestão do Conhecimento: Desafios dos Gestores de Recursos Humanos Diante dos Novos Contextos de Gerenciamento. *Revista de Ciências Gerenciais*, v. 19, n. 30, p. 3-9, 24 mar. 2016. Disponível em: https://cienciasgerenciais.pgsskroton.com.br/article/view/3658. Acesso em: 14 dez. 2022.

MARCONI, Marina de Andrade; LAKATOS, Eva Maria. *Fundamentos de metodologia científica*. 5. ed. São Paulo: Atlas, 2003.

MARCONI, Marina de Andrade; LAKATOS, Eva Maria. *Fundamentos de metodologia científica*. 8. ed. São Paulo: Atlas, 2017.

MARQUES, Rui Pedro. Sobrecarga de informação na era digital: causa ou consequência? *X Encontro de CTDI*, 2016. Disponível em: https://bit.ly/38AWV0w. Acesso em: 14 jun. 2020.

MARTELETO, Regina Maria; SILVA, Antonio Braz de Oliveira e. Redes e capital social: o enfoque da informação para o desenvolvimento local. *Ciência da Informação*, v. 33, n. 3, 2005. Disponível em: https://revista.ibict.br/ciinf/article/view/1032. Acesso em: 1º set. 2022.

MATTERA, Tayane Cristina. Gestão do conhecimento na prática. *In*: SOUTO, Leonardo Fernandes (Org.). *Gestão da informação e do conhecimento*: práticas e reflexões. Rio de Janeiro: Interciência, 2014.

MAZUCATO, Thiago. *Metodologia da pesquisa e do trabalho científico*. Penápolis: FUNEPE, 2018.

MAZZEU, Fábio. Guia completo: O que é podcast e como criar um? *Feedgurus*, 2022. Disponível em: https://feedgurus.com/podcast-o-que-e/. Acesso em: 30 jan. 2023.

McGEE, James; PRUSAK, Laurence. *Gerenciamento estratégico da informação*: aumente a competitividade e a eficiência de sua empresa utilizando a informação como uma ferramenta estratégica. Rio de Janeiro: Campus, 1994.

MEDEIROS, Carlos Tulio da Silva. I Encuentro de Redes Académicas e Investigativas en América Latina, el Caribe y Europa Latina: la construcción de solidaridad en redes de investigadores de nuestra américa. *Perspectivas em Gestão & Conhecimento*, v. 4, p. 194-197, 2014. Disponível em: https://brapci.inf.br/index.php/res/v/52444. Acesso em: 21 dez. 2022.

MENEGASSI, Cláudia Herrero Martins *et al.* A gestão do conhecimento no contexto da franchising: estudo de caso em uma franqueada. *Ciência da Informação*, v. 48, n. 3, p. 205-220, 2019. Disponível em: https://brapci.inf.br/index.php/res/v/117311. Acesso em: 21 dez. 2022.

METOYER-DURAN, Cheryl. Information gatekeepers. *Annual Review of Information Science and Technology*, Medford, v. 28, p. 111-150, 1993.

MIRANDA, Ana Cláudia Carvalho de. Gestão de coleções para bibliotecas especializadas: uma perspectiva teórica para o planejamento de recursos informacionais. *Ci. Inf. Rev.*, Maceió, v. 5, n. 2, p. 95-105, maio/ago. 2018. Disponível em: http://www.brapci.inf.br/index.php/res/download/47423. Acesso em: 1º ago. 2020.

MISCHIATTI, João Augusto Wendt; SILVA, Helena de Fátima Nunes; CARVALHO, Maria Gabriela Reis. Compartilhamento do conhecimento em situações de crises: revisão sistemática da literatura. *Informação & Informação*, v. 26, n. 4, p. 595-619, 2021. Disponível em: https://brapci.inf.br/index.php/res/v/169695. Acesso em: 14 dez. 2022.

MISKULIN, Rosana Giaretta Sguerra. Comunidades de prática virtuais: possíveis espaços formativos de professores que ensinam matemática. *In*: ENCONTRO NACIONAL DE EDUCAÇÃO MATEMÁTICA, CULTURA E DIVERSIDADE, 10., Salvador. *Anais...* Salvador: SBEM, 2010. p. 1-10.

MORAIS, Renata Daniella Castro. *Implantação do Portal de Conhecimento Corporativo Sesc Minas*. 2013. 61 f. Trabalho de Conclusão de Curso (Especialização em Gestão Estratégica da Informação) – Escola de Ciência da Informação, Universidade Federal de Minas Gerais, Minas Gerais, 2013. Disponível em: https://repositorio.ufmg.br/bitstream/1843/BUOS-9D9H72/1/tcc.pdf. Acesso em: 24 jan. 2023.

MORALES, Bayardo. Implementação pratica e ágil da gestão do conhecimento. *Slide Share*, 2014. 59 slides, color. Disponível em: https://pt.slideshare.net/bayardomo/implementao-pratica-e-gil-da-gestao-do-conhecimento-27-de-setembro-3. Acesso em: 9 set. 2022.

MORESI, E. A. D. Inteligência organizacional: um referencial integrado. *Ciência da Informação*, v. 30, n. 2, 2001. DOI: 10.18225/ci.inf.v30i2.923. Disponível em: https://revista.ibict.br/ciinf/article/view/923. Acesso em: 8 fev. 2023.

MÜLLER, Rodrigo *et al. As Redes de conhecimento nas relações de cooperação interorganizacionais*: uma abordagem sobre a relação entre universidade e empresa no cenário brasileiro. [s.l.]: [s.n.], 2018.

NAGANO, Marcelo Seido; VICK, Thais Elaine; MADEIRA, Ligia Maria Moura. Suporte da gestão do conhecimento em práticas de ecoinovação. *RISTI – Revista Ibérica de Sistemas e Tecnologias de Informação*, n. 22, p. 37-56, 2017. Disponível em: https://www.semanticscholar.org/paper/Suporte-da-Gest%C3%A3o-do-Conhecimento-em-pr%C3%A1ticas-de-Naga-no-Vick/eb3d68df78303a236d74ce7a178697cfdd3af098. Acesso em: 13 dez. 2022.

NOGUEIRA, Oracy. *Pesquisa social*: introdução às suas técnicas. São Paulo: Nacional: EDUSP, 1968.

NONAKA, Ikujiro; KONNO, Noboru. The Concept of "Ba": building a foundation for knowledge creation. *California Management Review*, Berkeley, v. 40, n. 3, p. 40-54, 1998. Disponível em: https://journals.sagepub.com/doi/10.2307/41165942. Acesso em: 14 dez. 2022.

NONAKA, Ikujiro; TAKEUCHI, Hirotaka. *Gestão do conhecimento*. São Paulo: Artmed, 2004.

NUNES, Kezia Rodrigues; NEIRA, Marcos Garcia. Currículo e avaliação discente na educação infantil: prática cartográfica dos registros cotidianos. *Currículo sem Fronteiras*, v. 21, n. 2, p. 856-883, 2021. Disponível em: http://curriculosemfronteiras.org/vol21iss2articles/nunes-neira.pdf. Acesso em: 14 dez. 2022.

NUNES, Ricardo Ferreira; MEDAGLIA, Juliana; STADLER, Adriano. Destinos turísticos inteligentes e gestão do conhecimento: possíveis convergências. *AtoZ: Novas Práticas em Informação e Conhecimento*, v. 9, n. 1, p. 61-73, 2020. Disponível em: https://brapci.inf.br/index.php/res/v/145708. Acesso em: 14 dez. 2022.

O'BRIEN, James A.; MARAKAS, George M. *Administração de sistemas de informação*. 15. ed. Porto Alegre: AMGH, 2013.

ORLANDI, Marcelo M. O conhecimento – enfim – é o novo capital. *Miríade Digital*, 2017. Disponível em: https://www.miriadedigital.com.br/blog/?p=52. Acesso em: 18 ago. 2022.

PEREIRA, Kássia Rayane; TENÓRIO JUNIOR, Nelson Nunes; MENEGASSI, Cláudia Herrero Martins. Gestão do conhecimento em ferramentas de chat no contexto organizacional: práticas para a recuperação do conhecimento. *Brazilian Journal of Information Science*, v. 15, p. 1-26, 2021. Disponível em: https://brapci.inf.br/index.php/res/v/165503. Acesso em: 14 dez. 2022.

PRODANOV, Cleber Cristiano; FREITAS, Ernani César de. *Metodologia do trabalho científico:* métodos e técnicas da pesquisa e do trabalho acadêmico. 2. ed. Novo Hamburgo: Feevale, 2013.

QUINTELLA, Rogério Hermida *et al*. Network dynamics in scientific knowledge acquisition: an analysis in three public universities in the state of Bahia. *Revista de Administração Pública*, v. 43, n. 6, p. 1279-1314, 2009. Disponível em: https://www.scielo.br/j/rap/a/yfGgcdCR5jdkJdXzpDmYsvF/?lang=en#. Acesso em: 14 dez. 2022.

QUINTELLA, Rogério Hermida *et al*. Scientific knowledge networks in peripheral regions and local innovation systems: The case of chemistry in the state of Bahia. *Journal of Technology Management and Innovation*, v. 7, n. 1, p. 85-103, 2012. Disponível em: https://www.scielo.cl/scielo.php?script=sci_arttext&pid=S0718-27242012000100006&lng=en&nrm=iso&tlng=en. Acesso em: 14 dez. 2022.

QUIVY, Raymond; CAMPENHOUDT, Luc Van. *Manual de investigação em ciências sociais*. Lisboa: Gradiva, 1992.

RAMOS, Érica Norimar Pacheco; HELAL, Diogo Henrique. A prática da gestão do conhecimento em uma empresa familiar do ramo varejista em Minas Gerais (MG): um estudo de caso. *Scielo, Faculdade Novos Horizontes (FNH)*, Minas Gerais, v. 7, ed. 2, 2020. DOI: https://doi.org/10.4301/S1807-17752010000200009. Disponível em: https://www.scielo.br/j/jistm/a/x3sWY7WTQyS4C6Nm47jBfkk/?lang=pt&format=html. Acesso em: 17 fev. 2023.

REGINATO, Carlos Eduardo Roehe; GRACIOLI, Odacir Deonísio. Gerenciamento estratégico da informação por meio da utilização da inteligência competitiva e da gestão do conhecimento: um estudo aplicado à indústria moveleira do RS. *Gest. Prod.*, São Carlos, v. 19, n. 4, p. 705-716, 2012.

REIS, Ana Paula dos; AMATO NETO, João. Aprendizagem por cooperação em rede: práticas de conhecimento em arranjos produtivos locais de software. *Produção*, v. 22, n. 3, p. 345-355, 2012. Disponível em: https://www.scielo.br/j/prod/a/B3NQVjG9g3q3W-cv6zrbqmHN/?lang=pt. Acesso em: 14 dez. 2022.

RIBEIRO, Clarice Pereira de Paiva *et al*. Difusão da informação na administração pública. *Transinformação*, v. 23, n. 2, p. 159-171, 2011 Disponível em: https://www.scielo.br/j/tinf/a/szjCKGNMf8SS8CwnFjVxKpS/abstract/?lang=pt#. Acesso em: 14 dez. 2022.

RIBEIRO, Maria Cristina de Paiva; MESQUITA, Walma Abigail Belchior; MIRANDA, Marcos Luiz Cavalcanti de. A tese Otletiana para a gestão, organização e disseminação do conhecimento. *Revista Analisando em Ciência da Informação*, v. 2, n. 2, p. 1-22, 2014. Disponível em: https://brapci.inf.br/index.php/res/v/81087. Acesso em: 21 dez. 2022.

RIDINGS, Catherine; GEFEN, David; ARINZE, Bay. Some antecedents and effects of trust in virtual communities. *Journal of Strategic Information Systems*, v. 11, n. 3-4, p. 271-29, 2002. Disponível em: https://scirp.org/reference/referencespapers.aspx?referenceid=2013197. Acesso em: 21 dez. 2022.

ROCHA, Manuela Lima Carvalho da et al. Rede de conhecimento e educação especial: uma revisão sistemática de literatura. *Revista Brasileira de Educação Especial*, v. 26, n. 3, p. 393-410, 2020. Disponível em: https://www.scielo.br/j/rbee/a/9NHB6NtQXwBDZBdRfSt-6Wcx/?lang=pt. Acesso em: 14 dez. 2022.

ROKNUZZAMAN, Md.; KANAI, Hideaki; UMEMOTO, Katsuhiro. Integration of knowledge management process into digital library system. *Library Review*, v. 58, n. 5 p. 372-386, 2009. Disponível em: https://dspace.jaist.ac.jp/dspace/bitstream/10119/8184/1/LibraryReview58(5)pp372-386.pdf. Acesso em: 14 dez. 2022.

ROSSETTI, Adroaldo et al. A organização baseada no conhecimento: novas estruturas, estratégias e redes de relacionamento. *Ciência da Informação*, v. 37, n. 1, p. 61-72, 2008. Disponível em: https://www.scielo.br/j/ci/a/Crs8XPN4rjGdQXD3JKCXmhJ/?lang=pt. Acesso em: 14 dez. 2022.

RUFFONI, Janaina; SUZIGAN, Wilson. Comportamento de firmas industriais em fluxos de conhecimento: uma análise para dois aglomerados produtivos. *Estudos Econômicos*, v. 45, n. 4, p. 693-72, 2015. Disponível em: https://www.scielo.br/j/ee/a/bdJksKNdFpxMzj-FrTzyzRjn/?lang=pt. Acesso em: 14 dez. 2022.

SALVADOR, Jocelito André; SALVADOR, Valeska S. Fontana. Criação e promoção do conhecimento: reveja suas estratégias! *Conducere Intelligent Health*, 2017. Disponível em: https://conducere.com.br/criacao-e-promocao-do-conhecimento/. Acesso em: 17 jan. 2023.

SAMPIERI, Roberto Hernández; COLLADO, Carlos Fernandes; LUCIO, María Del Pilar Baptista. *Metodologia de pesquisa*. Dados eletrônicos. 5. ed. Porto Alegre: Penso, 2013.

SANTOS, Gildenir Carolino dos; AMARAL, Sérgio Ferreira do. Rede de Conhecimento Digital (BEDNet): metodologia para a construção da rede de bibliotecas escolares digitais. *Revista Brasileira de Biblioteconomia e Documentação*, v. 2, n. 1, p. 57-82, 2006. Disponível em: https://brapci.inf.br/index.php/res/v/1544. Acesso em: 21 dez. 2022.

SEDITA, Silvia Rita et al. Prosecco has another story to tell: the coexistence of multiple knowledge networks in the same value chain. *International Journal of Wine Business Research*, v. 33, n. 4, p. 502-522, 2021. Disponível em: https://www.emerald.com/insight/content/doi/10.1108/IJWBR-06-2020-0024/full/html. Acesso em: 14 dez. 2022.

SÉRGIO, Marina Carradore; GONÇALVES, Alexandre Leopoldo. Inovação aberta: o potencial das redes sociais colaborativas na gestão de ideias. *Informação & Sociedade: Estudos*, v. 27, n. 3, p. 87-96, 2017. Disponível em: https://brapci.inf.br/index.php/res/v/91358. Acesso em: 14 dez. 2022.

SHETH, Aditya. O que é um webinar e como ele funciona? [guia para iniciantes]. *Vwnngage Inc.*, 13 set. 2020. Disponível em: https://pt.venngage.com/blog/webinar/#1. Acesso em: 15 fev. 2023.

SILVA, Daniel Cerqueira; BORGES, Jussara. Ambientes virtuais de aprendizagem para a promoção da competência em informação: uma proposta experimental. *XVI Encontro Nacional de Pesquisa em Ciência da Informação (XVI ENANCIB)*, João Pessoa, 2015. Disponível em: https://drive.google.com/drive/u/0/search?q=ambiente%20virtual%20de%20aprendi. Acesso em: 17 fev. 2023.

SILVA, Helena de Fátima Nunes; ARBOIT, Aline Elis; GARCIA, Andrea Karina; RIGONI, Camila Fernanda. As contribuições relativas ao uso de eventos/fóruns para constituição de comunidades de práticas e expressão da inteligência coletiva: o caso do Bibliocontas. *Perspect. Ciênc. Inf.*, v. 17, n. 3, set. 2012. Disponível em: https://doi.org/10.1590/S1413-99362012000300008.

SILVA, Luara Cantarella; DAMIAN, Ieda Pelógia Martins; SANTARÉM SEGUNDO, José Eduardo. Melhores práticas para aplicação de projetos de Gestão do Conhecimento: instituindo ambientes colaborativos. *BIBLOS – Revista do Instituto de Ciências Humanas e da Informação*, v. 30, n. 1, p. 27-42, 2016. Disponível em: https://brapci.inf.br/index.php/res/v/24228. Acesso em: 14 dez. 2022. 12

SOUZA, E. D.; DIAS, E. J. W.; BORGES, M. E. N. A gestão da informação e do conhecimento na ciência da informação: perspectivas teóricas e práticas organizacionais. *Informação & Sociedade: Estudos*, v. 21, n. 1, 2011. Disponível em: http://hdl.handle.net/20.500.11959/brapci/92901. Acesso em: 31 jan. 2023.

SOUZA, Kellcia Rezende; KERBAUY, Maria Teresa Miceli. Abordagem quanti-qualitativa: superação da dicotomia quantitativa-qualitativa na pesquisa em educação. *Rev. Educação e Filosofia*, Uberlândia, v. 31, n. 61, p. 21-44, 2017. Disponível em: http://www.seer.ufu.br/index.php/EducacaoFilosofia/article/view/29099. Acesso em: 10 ago. 2020.

SOUZA, Pedro da Rocha; MARTINS, Daniel de Araújo. Gestão do conhecimento de organizações em rede: análise das ferramentas e práticas no hospital Universitário Onofre Lopes/EBSERH. *In*: CARVALHO, Andréa Vasconcelos; BARBOSA NETO, Pedro Alves (Org.). *Desafios e perspectivas em gestão da informação e do conhecimento*. Natal: EDUFRN, 2020.

STOLLENWERK, Maria Fátima Ludovico. Gestão do conhecimento, inteligência competitiva e estratégica empresarial: em busca de uma abordagem integrada. *In*: WORKSHOP BRASILEIRO DE INTELIGÊNCIA COMPETITIVA E GESTÃO DO CONHECIMENTO, 1., 1999. *Anais eletrônicos...* Rio de Janeiro, 1999. 21 p.

STRAUHS, Faimara do Rocio *et al*. *Gestão do conhecimento nas organizações*. Curitiba: Aymará Educação, 2012.

STRIK, Marcelo Antonio; MOLINA, Letícia Gorri. Gestão do conhecimento em empresas de tecnologia da informação e comunicação: análise do ambiente. *Perspectivas em Gestão & Conhecimento*, v. 10, n. 3, p. 167-188, 2020. Disponível em: https://brapci.inf.br/index.php/res/v/152936. Acesso em: 14 dez. 2022.

STUEBER, Ketlen; TEIXEIRA, Maria do Rocio Fontoura. Redes de conhecimento na comunicação científica em âmbito formal: panorama via Biblioteca Brasileira de Teses e Dissertações (2008-2018). *AtoZ: Novas Práticas em Informação e Conhecimento*, v. 8, n. 2, p. 91-98, 2019. Disponível em: https://brapci.inf.br/index.php/res/v/142148. Acesso em: 21 dez. 2022.

STUEBER, Ketlen; TEIXEIRA, Maria do Rocio Fontoura. Redes de conhecimento na produção da comunicação científica em âmbito formal: estado da arte (2008-2018). *Seminário Nacional de Gestão da Informação e do Conhecimento*, v. 1, 2017. Disponível em: https://brapci.inf.br/index.php/res/v/147163. Acesso em: 21 dez. 2022.

SUGAHARA, Cibele Roberta; VERGUEIRO, Waldomiro. Informação e conhecimento: análise da rede APLtêxtil de Americana/SP – Brasil. *Rev. Interam. Bibliot. Medellín*, Colômbia, v. 34, n. 2, p. 117-186, 2011. Disponível em: http://hdl.handle.net/20.500.11959/brapci/84599. Acesso em: 10 ago. 2020.

TAKEUCHI, Hirotaka; NONAKA, Ikujiro. *Gestão do conhecimento*. Tradução de Ana Thorell. São Paulo: Bookman, 2008.

TARGINO, Maria das Graças; CAMBOIM, Luzia Góes; GARCIA, Joana Coeli Ribeiro. Gestão estratégica da informação como temática na ciência da informação. *Ciência da Informação em Revista*, Maceió, v. 2, n. 3, p. 29-42, set./dez. 2015. Disponível em: https://brapci.inf.br/index.php/res/v/36423. Acesso em: 21 dez. 2022.

TOMAÉL, Maria Inês. Redes de conhecimento. *DataGramaZero*, Rio de Janeiro, v. 9, n. 2, p. 1-13, abr. 2008. Disponível em: https://brapci.inf.br/index.php/res/v/6257. Acesso em: 21 dez. 2022.

TOMAÉL, Maria Inês; ALCARÁ, Adriana Rosecler; DI CHIARA, Ivone Guerreiro. Das redes sociais à inovação. *Ciência da Informação*, v. 34, n. 2, 2005. DOI: 10.18225/ci.inf. v34i2.1094. Disponível em: https://revista.ibict.br/ciinf/article/view/1094. Acesso em: 5 ago. 2022.

TRIBUNAL DE CONTAS DO ESTADO DA BAHIA. Fórum Nacional de Bibliotecários e Arquivistas dos Tribunais de Contas. *VI Bibliocontas cumpre missão de integração e troca de experiências com bibliotecários e arquivistas dos Tribunais de Contas*. Salvador, 8 out. 2014. Digital. Disponível em: https://www.tce.ba.gov.br/noticias/destaques/vi-bibliocontas-cumpre-missao-de-integracao-e-troca-de-experiencias-com-bibliotecarios-e-arquivistas-dos-tribunais-de-contas. Acesso em: 1º jan. 2023.

TRIBUNAL DE CONTAS DO ESTADO DO CEARÁ. Fórum Nacional de Bibliotecários e Arquivistas dos Tribunais de Contas. *VIII Fórum Nacional de Bibliotecários e Arquivistas dos Tribunais de Contas*. Fortaleza, 20 ago. 2018. Disponível em: https://www.tce.ce.gov. br/comunicacao/imagens/category/120-20-9-18-viii-forum-nacional-de-bibliotecarios-e-arquivistas-dos-tribunais-de-contas. Acesso em: 1º jan. 2023.

TRIBUNAL DE CONTAS DO ESTADO DO PARANÁ. Fórum Nacional de Bibliotecários e Arquivistas dos Tribunais de Contas. *IX Fórum Nacional de Bibliotecários e Arquivistas dos Tribunais de Contas*. Curitiba, 2020. Disponível em: https://irbcontas.org.br/video/bibliocontas-dia-1/. Acesso em: 1º jan. 2023.

TRIBUNAL DE CONTAS DO ESTADO DO RIO DE JANEIRO. Fórum Nacional de Bibliotecários e Arquivistas dos Tribunais de Contas. *X Fórum Nacional de Bibliotecários e Arquivistas dos Tribunais de Contas*. Rio de Janeiro, 2022. Disponível em: https://youtu.be/yIh8HXKLYOo. Acesso em: 1º jan. 2023.

VALENTIM, Maria Lígia Pomim (Org.). *Gestão da informação e do conhecimento no âmbito da ciência a informação*. São Paulo: Polis; Cultura Acadêmica, 2008. 272 p.

VALENTIM, Maria Lígia Pomim; ZWARETCH, Natali Silvana. 2006. Comunicação organizacional/comunicação informacional no processo de inteligência competitiva organizacional. *In*: VALENTIM, Maria Lígia Pomim (Org.). *Informação, conhecimento e inteligência organizacional*. Marília: Fundepe, 2006.

VALENTIM, Marta (Org.). *Gestão, mediação e uso da informação*. São Paulo: Cultura Acadêmica, 2010.

WATERMAN, Margaret. A. teaching portfolios for summative and peer evaluation. *In*: AMERICAN ASSOCIATION FOR HIGHER EDUCATION CONFERENCEON ASSESSMENT FOR HIGHER EDUCATION, 6. *Paper*... San Francisco: [s.n.], 1991.

WEBER, F. *et al*. Standardization in knowledge management: towards a common km framework in Europe. *In*: UNICOM SEMINAR, 2002, Londres. *Proceedings*... Londres: [s.n.], 2002.

WEERSMA, Laodicéia Amorim; COELHO, Arnaldo Fernandes Matos; SHINTAKU, Milton. Compartilhamento de conhecimento e cocriação: um olhar a partir das práticas estratégicas da revista gestão em análise (ReGeA). *Ciência da Informação em Revista*, v. 6, p. 1-16, 2019. Número Especial. Disponível em: https://brapci.inf.br/index.php/res/v/110798. Acesso em: 14 dez. 2022.

WENGER, Etienne. *Communities of practice*: learning, meaning and identity. Cambridge: Cambridge University Press, 1998. Disponível em: https://bityli.com/Yhe1H. Acesso em: 5 ago. 2022.

WILSON, Kathryn. Building a virtual global knowledge network during the coronavirus disease 2019 pandemic: the infection prevention and control global webinar series. *Clinical Infectious Diseases*, v. 73, p. S98-S105, 2021. Disponível em: https://academic.oup.com/cid/article/73/Supplement_1/S98/6270763. Acesso em: 14 dez. 2022.

WILSON, Thomas Daniel. A problemática da gestão do conhecimento. *In*: TARAPANOFF, Kira (Org.). *Inteligência, informação e conhecimento em corporações*. Brasília: IBICT; Unesco, 2006. p. 37-55.

ZATTAR, Marianna; MARTELETO, Regina. Informação e produção do conhecimento em redes de pesquisa na governança da água. *Informação e Sociedade*, v. 29, n. 1, p. 215-236, 2019. Disponível em: https://periodicos.ufpb.br/index.php/ies/article/view/44399. Acesso em: 14 dez. 2022.

APÊNDICES

UNIVERSIDADE FEDERAL DO RIO GRANDE DO NORTE

PROGRAMA DE PÓS-GRADUAÇÃO EM GESTÃO DA INFORMAÇÃO E DO CONHECIMENTO

MESTRADO PROFISSIONAL EM GESTÃO DA INFORMAÇÃO E DO CONHECIMENTO

TERMO DE CONSENTIMENTO LIVRE E ESCLARECIDO – TCLE

Esclarecimentos

Este é um convite para participar da pesquisa intitulada: Redes de conhecimento como contexto da gestão do conhecimento: estudo de caso da Rede Bibliocontas. Esta pesquisa é parte da dissertação do curso de Pós-Graduação em Gestão da Informação e do Conhecimento (PPGIC-UFRN), que tem como pesquisadora responsável Michele Rodrigues Dias, sob a orientação da professora Dra. Andréa Vasconcelos Carvalho, vinculada ao Departamento de Ciência da Informação (DECIN-UFRN).

Esta investigação pretende verificar, do ponto de vista dos bibliotecários, arquivistas, museólogos, historiadores, entre outros, atuantes em bibliotecas, arquivos e centros de memória dos Tribunais de Contas do Brasil, o comportamento de busca e uso da informação e as ferramentas e práticas de gestão do conhecimento utilizadas na Rede Bibliocontas. Busca-se, também, identificar suas percepções, tendo em vista a melhoria na efetividade dos serviços oferecidos pela Rede.

O questionário está estruturado em 25 questões, sendo 24 fechadas e 1 aberta, divididas em três blocos. **O tempo gasto para preenchimento está estimado em 10 (dez) minutos.**

Durante todo o período da pesquisa, será possível tirar dúvidas através do contato da pesquisadora responsável, Michele Rodrigues Dias, pelo telefone (84) 987622217 (*WhatsApp*) e via *e-mail*: michele-1011@ hotmail.com.

Durante a realização da pesquisa, através do preenchimento do questionário, não se preveem riscos. Os dados fornecidos são confidenciais e serão divulgados apenas em congressos ou publicações científicas, sempre de forma anônima, não havendo divulgação de nenhum dado que possa identificá-lo, e serão guardados pela pesquisadora responsável em local seguro e por um período de cinco anos.

Você tem o direito de se recusar a participar ou retirar seu consentimento, em qualquer fase da pesquisa, sem nenhum prejuízo.

Após a leitura inicial, você concorda em participar desta pesquisa?
( ) Sim. Continue na próxima seção.
( ) Não. Enviar formulário.

BLOCO 1 – CARACTERIZAÇÃO DO INFORMANTE

1) Sexo:

( ) Masculino ( ) Feminino ( ) Prefiro não declarar

2) Faixa etária:

( ) 18 a 24 anos ( ) 45 a 54 anos ( ) 25 a 34 anos

( ) 55 a 64 anos ( ) 35 a 44 anos ( ) 65 ou mais

3) Cor ou raça/etnia:

( ) Cor branca ( ) Cor amarela ( ) Cor preta

( ) Raça/etnia indígena ( ) Cor parda ( ) Não desejo declarar

4) Formação profissional:

( ) Bibliotecário ( ) Arquivista ( ) Museólogo

( ) Historiador ( ) Áreas afins. Especificar:*

5) Grau de instrução:

( ) Graduação ( ) Especialização ( ) Mestrado

( ) Doutorado

6) Você é vinculado a qual Tribunal de Contas?*

( ) União ( ) Estado do Acre ( ) Estado do Ceará

( ) Estado de Alagoas ( ) Estado do Espírito Santo ( ) Estado do Amapá

( ) Estado de Goiás ( ) Estado do Amazonas ( ) Estado do Maranhão

( ) Estado de Mato Grosso ( ) Estado do Pará ( ) Estado da Paraíba

( ) Estado de Mato Grosso do Sul ( ) Estado de Minas Gerai ( ) Estado do Piauí

( ) Estado de Pernambuco ( ) Estado do Rio de Janeiro ( ) Estado de Roraima

( ) Estado do Rio Grande do Norte ( ) Estado de Rondônia ( ) Estado de Sergipe

( )Estado do Rio Grande do Sul ( ) Estado de Roraima ( ) Estado de São Paulo

( ) Estado de Santa Catarina ( ) Estado do Tocantins ( ) Município de São Paulo

( ) Município do Estado da Bahia ( ) Município do Estado de Goiás ( ) Município do Estado do Pará

( ) Município do Rio de Janeiro ( ) Estado do Paraná ( ) Distrito Federal

( ) Estado da Bahia

7) Atua em que área como profissional da informação?

( ) Biblioteca ( ) Arquivo ( ) Centro de documentação

( ) Museu ( ) Escola de Contas ( ) Outro. Especificar:*

BLOCO 2 – PROCESSO DE GESTÃO DO CONHECIMENTO

8) Quando necessita de informação para complementar suas atividades laborais, quais fontes de informação você costuma utilizar para *adquirir* conhecimento? (Múltipla escolha).

Fontes de informação física:

( ) Livros ( ) Jornais ( ) Revistas especializadas

( ) Revistas de outros tribunais ( ) Dicionários ( ) Enciclopédias

Fontes de informação digital:

( ) Catálogos eletrônicos de bibliotecas ( ) *Sites* de outros TC ( ) *Google*

( ) Bases de dados ( ) Bibliotecas digitais ( ) Repositórios institucionais ou temático

( ) Periódicos digitais ( ) Diretórios de grupos de estudo ( ) *Lives – YouTube, Instagram* e *Facebook*

( ) Outro. Especificar:*

9) Já *precisou* de algum material informacional de outro Tribunal de Contas que pudesse auxiliar na sua atividade laboral ou na *resolução de problemas*?

( ) Sim ( ) Não

Se a resposta for sim, encontrou? Onde?

10) Você considera importante a *criação de um espaço* para armazenar e acessar documentos criados por outros Tribunais de Contas que sirva para integração de dados?

( ) Sim ( ) Não

11) Como você costuma *armazenar as informações* produzidas e/ou adquiridas em seu local de trabalho? (Questão de múltipla escolha)

( ) Cadernos/agendas ( ) Formulários ( ) Relatórios

( ) Servido r intrarrede ( ) Servidor extrarrede ( ) Armazenamento em nuvem

( ) *E-mail* ( ) *Pen drive* ( ) CD-ROM

( ) Banco de dados   ( ) *Softwares* e aplicativos   ( ) Ambientes virtuais de aprendizagem

( ) Diretórios de grupos de estudo   ( ) Outro, especificar:*

12) Como você costuma *compartilhar* o conhecimento?

( ) Redes sociais	( ) Relatórios	( ) Memorando
( ) Servidor intrarrede	( ) Servidor extrarrede	( ) Armazenamento em nuvens
( ) *E-mail*	( ) *Pen drive*	( ) CD-ROM
( ) Banco de dados	( ) *Softwares* e aplicativos	( ) Ambientes virtuais de aprendizagem
( ) Diretórios de grupos de estudo	( ) Outros. Especificar:*	

13) Na sua opinião, o que facilita a criação (produção, desenvolvimento) de novos conhecimentos no escopo da biblioteca?

( ) Reuniões em grupo	( ) Ambientes virtuais de colaboração	( ) Fóruns
( ) Diretórios de grupos de estudo	( ) Cartilha	( ) Portfólio
( ) Manuais	( ) Intercâmbio de boas práticas	

14) Você tem conhecimento da existência da Rede Bibliocontas?

( ) Sim   ( ) Não

Condição: Se sim, siga para a próxima seção. Se não, finalizar o questionário.

BLOCO 3 – GESTÃO DA INFORMAÇÃO E DO CONHECIMENTO NA REDE BIBLIOCONTAS

15) Já participou de algum fórum da Rede Bibliocontas?

( ) Sim   ( ) Não

16) Você reconhece a Rede Bibliocontas como um espaço para o intercâmbio de informações e construção do conhecimento?

( ) Sempre   ( ) Raramente
( ) Às vezes   ( ) Nunca

17) Você tem conhecimento da existência da página *on-line* da Bibliocontas no *site* do IRB?

( ) Sim   ( ) Não

18) Já teve alguma dificuldade na localização dos materiais informacionais disponibilizados?

( ) Sim   ( ) Não
Se a resposta for sim, descrever qual foi a dificuldade.*

19) Você é ou já foi membro do Comitê Técnico de Gestão da Informação do IRB?

( ) Sim   ( ) Não

20) Na sua opinião, a Bibliocontas fornece informações sobre assuntos referentes e relevantes ao exercício dos Tribunais de Contas?

( ) Sempre   ( ) Raramente

( ) Às vezes   ( ) Nunca

21) Na sua opinião, a Bibliocontas deveria oferecer capacitação para os profissionais da informação dos TC?

( ) Sim   ( ) Não

22) Você já participou de alguma avaliação sobre a qualidade dos produtos e serviços oferecidos pela Bibliocontas?

( ) Sim   ( ) Não

23) Você considera importante ser consultado sobre suas necessidades informacionais?

( ) Sim   ( ) Não

24) Quais dessas práticas e ferramentas de gestão do conhecimento (GC) você considera úteis para a Rede Bibliocontas? (Questão de múltipla escolha).

Práticas
Memória organizacional: utilizada para registrar experiências com a expectativa de utilização no futuro.
Portal de compartilhamento intranet/extranet: utilizado para registrar e permitir o acesso e o uso compartilhado das informações.
Lições aprendidas: são utilizadas para registrar o aprendizado, identificando o que deu certo, o que deu errado e o que pode ser modificado nos processos internos.
Fóruns técnicos (presenciais e virtuais): são um canal que promove encontros para debates voltados a temas relevantes para a organização.
Fóruns de discussão: são um canal que aproxima pessoas e que, por meio dele, são abertos diálogos e debates acerca de temas relacionados.
Comunidades de práticas: utilizadas para compartilhar informações e conteúdos de interesse comum que possam contribuir para a geração de novas ideias.
Repositório institucional: tem a função de armazenar, preservar, organizar e disseminar amplamente a produção intelectual de instituições, reunindo todo o conteúdo em um único ambiente virtual, além de estar inserido no movimento mundial de acesso gratuito à produção científica.
Mapeamento do conhecimento e de competências: utilizado para registrar, de forma dinâmica, os conhecimentos e as competências dos colaboradores, a fim de evidenciar o saber de cada um.
Ensino a distância (EaD): modalidade de ensino ocorrida em ambiente virtual, ou seja, sem a necessidade de presença física para o processo de ensino e aprendizagem.
Gestão eletrônica de documentos (GED): é uma tecnologia que facilita o controle, armazenamento, compartilhamento e recuperação das informações existentes de determinada instituição.

Seminários: são um gênero oral que serve para apresentar um conteúdo a determinado público, utilizando, se necessário, recursos audiovisuais e outros, com intuito de qualificar a apresentação.
Reuniões: encontros de pessoas, a fim de tratar de determinados assuntos.
Catálogos de dados: são um inventário organizado de ativos de dados na organização. Usam metadados para ajudar as organizações a gerenciarem seus dados.
Conferências: são um discurso (ou uma apresentação) em público sobre algum tema concreto.
Benchmarking: são um processo de estudo de concorrência, podendo ser uma análise profunda das melhores práticas usadas por empresas de um mesmo setor que o seu e que podem ser replicadas.
Narrativas: são utilizadas para descrever assuntos e situações complexas, comunicar lições aprendidas, passar a experiência pessoal para um nível de conhecimento mais generalizado.
Mapas conceituais: são uma técnica utilizada para selecionar, analisar, elaborar e aprender de maneira significativa.
Gestão por competências: propicia o desenvolvimento técnico e comportamental do colaborador em relação ao que é exigido em sua função.
Banco de talentos: é uma ferramenta que reúne dados de colaboradores de uma empresa a fim de identificar suas qualificações e expertises.
Mapeamento de processos: permite identificar os processos essenciais, proporcionando uma análise mais sistêmica da organização.
Rodízio funcional: possibilita que os funcionários se desenvolvam profissionalmente ao conhecerem algo além de suas atribuições.
Coaching e *mentoring*: no *coaching*, procura-se alcançar as metas e objetivos, no *mentoring*, o foco está na transferência de conhecimento e a expertise para o desenvolvimento de competências pessoais e profissionais.

Ferramentas
Reuniões
Audioconferências
Videoconferências
E-mails
Transações
Sistema de relatórios
Conferências
Seminários
Registro formal de resultados de sucessos e fracassos (formulários escritos)
Armazenamento em banco de dados eletrônico
Aplicar rotinas de distribuição de informações
Repositórios de lições aprendidas
Chats
Listas de discussões
Infraestrutura tecnológica
Softwares e aplicativos
Redes sociais
Ambientes virtuais de aprendizagem
Grupos de *WhatsApp*

25) Quais os pontos, em sua visão, precisam de melhorias na socialização da informação e na construção do conhecimento coletivo na Rede Bibliocontas? (Pergunta discursiva).

QUADRO 28 – Ferramentas e práticas de GC com apenas uma ocorrência

(continua)

Ferramentas de gestão do conhecimento	Total	Práticas de gestão do conhecimento	Total
YouTube	1	Ambientes colaborativos virtuais	1
Wordpress	1	Análise de conteúdo	1
Websites	1	Análise de redes	1
Web 2.0	1	Aplicações específicas para busca de conhecimentos	1
Visualização	1	Apoio à pesquisa	1
Videoconferência	1	Apoio gerencial	1
Treinamento baseado em tecnologia web (WBT)	1	Aprendizagem informal	1
Tesauros	1	Aquisição de conhecimento	1
Telefone via internet (Skype, outros)	1	Área de gestão do conhecimento/ espaços dedicados à socialização do conhecimento	1
Telefone fixo	1	Arquitetura para portais de conhecimento	1
Taxonomias	1	Assistência de pares	1
Tags	1	Banco de conhecimentos	1
Tagging	1	Bibliotecas de conhecimento	1
Standard Design Process Form (SDPF)	1	Blogs internos	1
Sítios	1	Call center/help desk/suporte on-line	1
Sistemas integrados	1	Catalogação coletiva	1
Sistemas informatizados	1	Centro de competências	1
Sistemas especializados	1	Centros de inovação	1
Sistemas de informação	1	CKO/CKM – (chief of knowledge management ou certified knowledge manager)	1
Sistemas de gestão de projetos	1	Coleta de conhecimento	1
Sistemas de gestão de conteúdos	1	Comissões	1
Sistemas de apoio à decisão	1	Competição	1

(continua)

Ferramentas de gestão do conhecimento	Total	Práticas de gestão do conhecimento	Total
Sistemas colaborativos	1	Comunicação corporativa da gestão do conhecimento	1
Sistema recomendador (compara coleções de dados e sugere uma lista de recomendações)	1	Comunidades de compartilhamento	1
Sistema eletrônico de apoio ao desempenho (EPSS)	1	Conhecimento declarado	1
Sistema de trabalho em grupo e KM 2.0	1	Contação de histórias	1
Sistema de taxonomia automatizado	1	Crowdsourcing	1
Sistema de suporte à tomada de decisão (DSS)	1	Discussão facilitada	1
Servidores web e navegadores	1	Disseminação da informação	1
Salas de bate-papo	1	Distribuição de conhecimento	1
Reuniões	1	Sistemas e tecnologias de informação	1
Redes semânticas	1	E-learning	1
Projetos conjuntos	1	Encontros técnicos	1
Portal do conhecimento	1	Entrevista	1
Portais	1	Espaços dedicados à socialização de conhecimentos	1
Plone	1	Espaços físicos de colaboração	1
Plataformas on-line	1	Estratégia declarada de gestão do conhecimento	1
Perfil de experts	1	Estratégia/Política de gestão	1
Open Text	1	Ferramenta de busca avançada	1
Ontologias	1	Ferramentas de web 2.0	1
Nuvem de informática	1	Filtragem de conhecimento	1
Mineração de dados e OLAP	1	Formação de grupos de trabalho	1
Mídia social	1	Fóruns	1
Mentoria	1	Framework	1
Mensagens instantâneas	1	Gerenciamento de projetos	1
MediaWiki	1	Gestão de projetos de pesquisa	1
Mapeamento de Fluxo de Valor (MFV)	1	Gerenciamento do fluxo editorial	1
Lotus Quickr	1	Gestão administrativa	1
Localizador de especialistas	1	Gestão científica	1
Lean Seis Sigma (LSS)	1	Gestão da inovação	1
Key Performance Indicators (KPI)	1	Gestão de compartilhamento	1

(continua)

Ferramentas de gestão do conhecimento	Total	Práticas de gestão do conhecimento	Total
Joomía	1	Gestão de documento	1
Intranet	1	Gestão eletrônica de documentos	1
Inteligência artificial	1	Gestão estratégica da informação	1
IIBM Notes	1	Gestão integrada de recursos informacionais	1
I-Search	1	Gestão/Serviços de informação	1
Hangouts (Google Meet)	1	Gestor de gestão do conhecimento	1
Guia do conhecimento em gerenciamento de projetos (PMBOK)	1	Grupos de trabalho	1
Groupware	1	Grupos focais	1
Gestão de conteúdo	1	Habilidades/conhecimento/processo de mapeamento	1
Gestão de conhecimento pessoal	1	Inteligência competitiva	1
Gerência de Recursos Informacionais (GRI)	1	Inventários de conhecimentos	1
Fóruns de discussão	1	Investigação contextual	1
Folksonomias	1	Lean Thinking	1
Ferramentas de simulação	1	Listas de discussão	1
Eventos	1	Mapeamento casual	1
Espaços de colaboração virtuais	1	Mapeamento ou auditoria de conhecimento	1
Drupal	1	Método SCRUM	1
Diagrama de PIT	1	Metodologias ágeis	1
Definição de metadados	1	Modelagem de conhecimento	1
Data Warehouse	1	Monitoração ambiental	1
Customização/personalização	1	MPS-BR	1
Customer Relationship Management (CRM)	1	Normalização e padronização de documentos	1
Conferências virtuais	1	Oficina do conhecimento	1
Cluster de conhecimento	1	Páginas amarelas internas	1
Classificação de conteúdos	1	Patentes	1
Chat	1	Plano de conhecimento	1
CBT (treinamento baseado em computadores)	1	Políticas declaradas de gestão do conhecimento	1
Bookmarking	1	Portal corporativo	1
Bases de conhecimento	1	Programa de competência informacional	1
Arquivamento de conteúdos	1	Propriedade intelectual	1

(conclusão)

Ferramentas de gestão do conhecimento	Total	Práticas de gestão do conhecimento	Total
Armazenamento de dados	1	Protocolos de respostas	1
Anotações	1	Storytelling (reprodução de histórias)	1
Análise de conteúdos	1	Publicação	1
Análise de causa-raiz (5 porquês)	1	Question Point (QP)	1
Agentes de inteligência	1	Rede informal	1
		Repositório de documentos/biblioteca corporativa	1
		Resolução de problemas	1
		Reuniões e conferências virtuais	1
		Revisão pós-ação	1
		Revisões de aprendizado	1
		Rotação de trabalho	1
		Roteiro das atividades: mapeamento das áreas/setores, atividades gerais, atividades específicas, acompanhamentos e atividades, definição de indicadores, finalização	1
		Seminários	1
		Sensoriamento	1
		Sistema de avaliação de processos de conhecimento	1
		Sistema de reconhecimento e recompensa por gestão do conhecimento	1
		Sistemas de informação gerenciais	1
		Sistemas e tecnologias de informação	1
		Sumarização de conhecimentos	1
		Taxonomia	1
		The Big6	1
		Times de colaboração	1
		Treinamento de equipes de projetos	1
		Treinamentos virtuais	1
		Tutoria	1
		Twitters internos	1
		Universidade corporativa	1
		Workflow	1

Fonte: Elaborado pela autora (2022).

ANEXO

Universidade Federal do Rio Grande do Norte (UFRN)

Centro de Ciências Sociais Aplicadas (CCSA)

Programa de Pós-Graduação em Gestão da Informação e do Conhecimento (PPGIC)

Mestrado Profissional em Gestão da Informação e do Conhecimento (MPGIC)

Disciplina: GIC0009 – Arquitetura da Informação Digital

Docente Responsável: Prof. Dr. Fernando Luiz Vechiato

ROTEIRO DE AVALIAÇÃO DE
AMBIENTE INFORMACIONAL
(INTERFACE PARA DESKTOP E DISPOSITIVOS MÓVEIS)

Discente:

Ambiente Informacional selecionado para avaliação (URL):

PARTE I – Contexto: Elementos organizacionais

Printe a tela inicial do ambiente informacional selecionado para avaliação e faça um resumo de sua proposta, respondendo aos seguintes itens: tipo de ambiente (educacional, comercial, governamental etc.); missão e objetivos da instituição; e público-alvo:

PARTE II – Conteúdo: Sistemas da AI

Apresente a análise do ambiente informacional a partir dos elementos destacados em vermelho (para exemplificar, printe e descreva a tela em cada caso). Caso o elemento analisado não seja encontrado, mencione.

A Sistemas de organização

A.1 Esquemas de organização

A.1.1 Exatos:

- Alfabético:
- Cronológico:
- Geográfico:

A.1.2 Ambíguos:

- **Tópicos** (assuntos)
- **Orientado por tarefas**
- **Orientado a um público (aberto e fechado)**
- **Orientado por metáforas**

A.1.3 **Híbridos**

A.2 Estruturas de Organização:

A.2.1 **Hierarquia**

A.2.2 **Base de dados**

A.2.3 **Hipertexto**

A.3 **Classificação social**

B Sistemas de navegação:

B.1 Tipos de navegação:

- Global:
- Local:
- Contextual:

B.2 Sistemas suplementares de navegação:

- **Mapa do *site***
- Índice
- **Guias**
- **Trilha de navegação (*breadcrumbs*)**
- **Configuradores**

B.3 Abordagens avançadas:

- **Personalização**
- **Customização**
- ***Design* responsivo**

C Sistemas de rotulagem:

C.1 **Rótulos como *links* contextuais**

C.2 **Rótulos em cabeçalhos**

C.3 **Rótulos icônicos**

D Tesauros, vocabulários controlados e metadados:

D.1 **Metadados**

Obs.: Neste item, deve ser verificada a utilização de padrão de metadados como Dublin Core, por exemplo, bem como deve ser verificado o código fonte da *home page* para analisar a utilização de metadados HMTL e/ou XML.

D.2 Vocabulários controlados:
- Anéis sinonímicos
- Arquivos de autoridade
- Esquemas de classificação
- Tesauros

E Sistemas de busca

E.1 Possibilidades de busca:
- Simples
- Avançada

E.2 Apresentação dos resultados:
- **Ordem (alfabética, cronológica ou por componente específico)**
- *Ranking* **(relevância ou popularidade)**
- **Refinamento de pesquisa (ou navegação guiada)**

E.3 Outros recursos:
- Preenchimento automático
- Sugestão automática

PARTE III – Usuários: usabilidade e acessibilidade

F Usabilidade:

F.1 **Eficácia**
F.2 **Eficiência**
F.3 **Satisfação**

G Acessibilidade:

G.1 **Recursos**
G.2 **Recomendações de acessibilidade (validação *AccessMonitor*)**

PARTE IV – Conclusões

Obs.: Neste item, apresente os pontos fortes e, posteriormente, os pontos fracos do ambiente com sugestões de soluções.

Esta obra foi composta em fonte Palatino Linotype, corpo 10
e impressa em papel Pólen Bold 70g (miolo) e Supremo 250g
(capa) pela Formato Artes Gráficas.